前 言

《播音员主持人训练手册:语音发声》出版至今已经有24年了,发行50余万册,修订3次,最新版本为"融媒体播音员主持人训练手册"丛书中的《语音发声(第四版)》。这本书得到了广大播音主持学习者的厚爱,我十分感动和欣慰。今天,配套的练声手册《播音主持基本功训练掌中宝:语音·发声(第二版)》又和大家见面了,希望它的袖珍给大家带来更多便利。

普通话语音和播音发声是播音员、主持人的专业基本功,这本书遵循练声的顺序,从口部操到字词、绕口令、诗歌训练,层层推进,通过凝练简洁的阐释,力图让读者较快地把握技能要点,具有较强的实用价值。书中精选的示例稿件,不仅注意训练的典型性,也兼顾了艺术性、思想性与技能性,而且大都是文学经典以及电台、电视台正式播出的稿件,有助于学习者的使用。

　　本书的发音器官示意图引自已故著名语音学家徐世荣先生的《普通话语音发音示意图解》,特此致谢!在此对书中所引资料的作者表示感谢。期待读者和专家学者对此书的指正,我们将不胜感激。

王　璐

2021 年 11 月 30 日

练声专用

吴洁茹 王璐 ◉ 编著

语音 发声（第二版）

YU YIN
FA SHENG
（DI-ER BAN）

中国传媒大学出版社
·北京·

第二版修订说明

《播音员主持人训练手册:语音发声》出版至今,已经发行50余万册,被誉为"业界绿宝书",取得了良好的社会影响力。这本掌中宝是与其配套使用的练声手册。

本书第一版于2016年9月出版后,得到广大读者的认可与好评,成为播音主持艺术学习者和从业者基本功训练的常备手册。

本次修订秉承理论讲解通俗精练、训练材料丰富新颖的编写原则,重新斟酌全书的理论观点,绝大部分章节的案例进行了更新与调整,在文字上也做了若干订正,使全书的阐述更加严谨到位,实用性更强。

此次修订还会存在疏漏之处,恳请广大读者批评指正,以便下次修订予以改进。

在此,特向本书的责任编辑和广大读者致以深深的谢意!

吴洁茹、王璐
2021 年 12 月于北京

目　录

第一编　　语音　/1
第一单元　　口部训练　/1
第二单元　　普通话声母训练　/6
第三单元　　普通话韵母训练　/43
第四单元　　普通话声调训练　/110
第五单元　　语流音变训练　/132

第二编　　发声　/157
第一单元　　科学练声　/157
第二单元　　呼吸控制训练　/161
第三单元　　口腔控制训练　/176

第四单元　吐字归音训练　/185

第五单元　共鸣控制训练　/198

第六单元　声音弹性训练　/214

第三编　　综合运用　/226

第一单元　诗歌类　/226

第二单元　散文类　/240

第三单元　故事类　/245

第四单元　新闻类　/249

第五单元　主持类　/267

后　记　/276

第一编　语音

播音员、主持人在发音过程中,要达到吐字准确清晰、圆润饱满,完美地表达出有声语言中所蕴含的大量信息和丰富的思想感情,需要经过长期不懈的训练。

第一单元　口部训练

口部训练以唇舌力量的练习为主,常做口部操,可以有效地加强唇舌力量,提高唇舌灵活程度,使发出的声音干净、明亮、集中。

一、口的开合练习

张嘴像打哈欠(打槽牙,挺软腭),闭嘴如啃苹果(松下巴)。

开口的动作要柔和,两嘴角向斜上方抬起,上下唇稍放松,舌自然平放。

经常做这个练习,可以克服口腔开度的问题。

二、咀嚼练习

张口咀嚼与闭口咀嚼结合进行,舌自然平放。练习时反复做。

三、双唇练习

1.喷

喷也称作双唇打响。双唇紧闭,将唇的力量集中于唇中央三分之一的部位,唇齿相依,不裹唇,阻住气流,然后突然连续喷气出声。合口呼、撮口呼撮唇不好的人可以多练。

2.咧

将双唇闭紧尽力向前噘起,然后将嘴角用力向两边伸展(咧嘴),反复进行。

3.撇

双唇闭紧向前噘起,然后向左歪、向右歪、向上抬、向下压。

4.绕

双唇闭紧向前噘起,然后顺时针或逆时针做360度的转圈运动。

四、舌的练习

1.刮舌

舌尖抵下齿背,舌体贴住上齿背,随着张嘴,用上齿沿舌面刮,尽力加大舌面上翘的曲拱度,目的在于增加舌面隆起的力量。

口腔开度不好的人和发舌面音 j、q、x 有问题的人可以多练习。

2. 顶舌

闭唇,用舌尖顶住左内颊,用力顶,可把舌尖想象成针尖,用力去扎破口腔这个气球。然后,用舌尖顶住右内颊,做同样的练习。如上,左右交替,反复练习。

3. 伸舌

将舌伸出唇外,舌体集中,舌尖向前,向左右、向上下尽力伸展。意念上尽量把舌尖想象成一个点,使舌尖慢速、用力向外伸,多做这个练习,可使舌尖力量集中。

4. 绕舌

闭唇,把舌尖伸到齿前唇后,向顺时针方向环绕 360 度,然后向逆时针方向环绕 360 度,交替进行。

5.立舌

将舌尖向后贴住左侧槽牙齿背,然后将舌尖沿齿背推至门齿中缝,使舌尖向右侧翻,然后做相反方向的练习。这一练习有益于边音 l 的发音。

6.舌打响

一是,舌尖与硬腭接触打响。将舌尖顶住硬腭,用力持阻,然后突然弹开,发出类似"de"的响声。

二是,舌尖与上齿龈接触打响,舌尖顶住上齿龈,阻住气流,再突然放开,爆发出[t]的声音。这一练习,对改善舌尖成阻、持阻的力量有益。发不好 d、t、n、l 的人可以多练。

三是,舌根抬起至软硬腭交界处,用力发 ga(嘎)音,体会舌根与软硬腭交界处不断地连续做"阻气—突然打开—阻气—突然打开"的打响动作。这一练习可以改善舌根的力量及灵活性。

第二单元　普通话声母训练

普通话的音节由声母、韵母和声调三部分组成。声母是音节的开头部分,由辅音充当,而辅音的特点是时程短(除擦音外)、音势弱,很容易受到干扰,也很容易产生"吃字"现象,从而影响语音的清晰度和准确度。

一般来说,发音的准确度表现在声母上,播音中语音含混不清与声母有直接关系。声母是吐字准确、清晰的基础,所以播音员和节目主持人必须认真练习声母的发音,努力做到"咬得准、发得清",使整个音节完整、清晰。

一、声母的发音部位及方法

声母按发音部位分成七组,分别是:双

唇音、唇齿音、舌尖中音、舌根音、舌面音、舌尖后音、舌尖前音。

1. 双唇音：b、p、m

发音部位描述：双唇紧闭，舌位相对比较自由。

要点提示：

● 发音唇舌无力、口腔松软与这三个音发不好有直接关系。

● 唇部收紧，接触有力，并注意与气息的配合。

● 力量应集中在双唇中央。不要咧嘴角，不要双唇抿起，否则会影响音准。

● 送气音的气流别太强。

字词练习：

b

巴　布　别　保　宾　贝　标
包　泵　班

播报　奔波　标兵　辨别　百倍　斑驳

包办 北部 蚌埠 兵变 表白 颁布
百发百中　包罗万象　暴跳如雷
跋山涉水　半路出家　博采众长
悲欢离合　闭关自守　不谋而合
搬弄是非　不约而同　班门弄斧

p

平　盘　胖　排　批　漂　盆
坡　砰　拍

排炮 澎湃 批判 偏旁 爬坡 琵琶
拼盘 偏僻 皮袍

旁观者清　匹夫有责　抛砖引玉
跑马卖解　披星戴月　萍水相逢
平分秋色　平心静气　品头论足
平易近人　破釜沉舟　普天同庆

m

妈　慢　门　明　米　谬　满
谋　美　灭

明媚 美满 买卖 弥漫 茂密 命脉

埋没 面貌 秘密 美妙 麻木 牧民
埋头苦干 满城风雨 民富国强
马到成功 满面春风 弥天大谎
毛手毛脚 茅塞顿开 美不胜收
面目全非 莫名其妙 默默无闻

句段练习：

八百标兵奔北坡，

炮兵并排北边跑。

炮兵怕把标兵碰，

标兵怕碰炮兵炮。

巴老爷有八十八棵芭蕉树，

来了八十八个把式

要在巴老爷八十八棵芭蕉树下住。

巴老爷拔了八十八棵芭蕉树，

不让八十八个把式

在八十八棵芭蕉树下住。

八十八个把式烧了八十八棵芭蕉树，

巴老爷在八十八棵树边哭。

一座棚傍峭壁旁,
峰边喷泻瀑布长,
不怕暴雨瓢泼冰雹落,
不怕寒风扑面雪飘扬,
并排分班翻山攀坡把宝找,
聚宝盆里松柏飘香百宝藏。
背宝奔跑爆矿炮劈山,
篇篇捷报飞伴金凤凰。

2.唇齿音:f

发音部位描述:下唇与上齿接触构成阻碍后发出的一种辅音。

要点提示:

● 上齿与下唇形成阻碍时要自然接触,不要上齿咬住下唇发音,否则成阻部位面积大,力量分散,显得笨拙。

● 接触面积不要太大,否则易产生杂音,要调理好气息,除阻后紧接元音,这样字音就清楚了。

● 要学会节制气流,扬声器中传出的杂音,一部分就是擦音造成的。

字词练习:

f

发 房 奋 佛 风 分 否
翻 冯 法

吩咐 非凡 芬芳 丰富 方法 反复
发放 肺腑 犯法 防范 仿佛 奋发
发扬光大 翻来覆去 反复无常
防患未然 飞沙走石 分秒必争
风尘仆仆 飞扬跋扈 风吹草动

句段练习:

粉红墙上画凤凰,
凤凰画在粉红墙。
红凤凰、粉凤凰,
红粉凤凰、花凤凰。

武汉商场卖混纺,
红混纺,黄混纺,粉混纺,

粉红混纺,黄粉混纺,黄红混纺,
红粉混纺最畅销。

3.舌尖中音:d、t、n、l

发音部位描述:舌尖抵住上齿龈,气流在这一部位受到阻碍后发出的音。

要点提示:

• 我们平常所说的"唇舌无力"的"舌"主要是指舌尖音的发音无力。

• 在演播中最大的问题是气流冲破成阻部位时,舌尖表现无力度,无弹性,从而使整个字音松散。

• 注意着力点放在舌尖上,部位要准确,舌尖要有力度。

• 调整好气息,使受腹部控制的气流,不断地冲击成阻部位,让舌尖灵活有力地弹击上齿龈。

• 舌尖阻被突然冲开,不要拖泥带水。

字词练习：

d

搭 担 到 得 灯 叨 丢
调 斗 多 肚 电

等待 单调 到达 断定 当代 道德
大地 顶端 抵挡 电灯 答对 打倒
大刀阔斧 大功告成 大公无私
大开眼界 大书特书 点石成金
调虎离山 顶天立地 多多益善
德高望重 多快好省 单刀直入

t

推 吞 坛 淌 逃 铁 图
土 停 特 台 团

天堂 探听 跳台 团体 梯田 体贴
推托 探讨 铁蹄 吞吐 天坛
谈虎色变 铁证如山 通宵达旦
同甘共苦 同流合污 同舟共济
偷天换日 推波助澜 兔死狐悲

土崩瓦解　脱颖而出　突如其来

n

哪　奴　奶　闹　难　能　农　娘　牛　内　南　您

牛奶　南宁　难弄　男女　能耐　恼怒
泥泞　扭捏　奶娘　奶牛　农奴　奶奶
南腔北调　难分难解　南征北战
难能可贵　能说会道　弄假成真
能者多劳　怒发冲冠　怒火中烧
怒形于色　年年有余　泥泞不堪

l

拉　铃　来　列　驴　楼　罗　老　栾　领　刘　吕

理论　流利　玲珑　罗列　冷落　劳力
留意　榴梿　绿柳　勒令　嘹亮
来者不拒　劳而无功　劳苦功高
老态龙钟　冷若冰霜　离题万里
里应外合　两全其美　流言蜚语

炉火纯青　落花流水　老当益壮

句段练习:

调到敌岛打特盗,
特盗太刁投短刀,
挡推顶打短刀掉,
踏盗得刀盗打倒。

河边有棵柳,柳下一头牛,
牛要去顶柳,柳条缠住了牛的头。

男旅客穿着蓝上装,
女旅客穿着呢大衣,
男旅客扶着拎篮子的老大娘,
女旅客搀着拿笼子的小男孩儿。

4.舌根音:g、k、h

发音部位描述:指舌根和软腭相接,气流在这一部位受到阻碍后发出的一种辅音。

要点提示：

● 它们是 21 个声母中发音最靠后的三个音，是音色最暗的一组。有些男声为了追求声音的宽厚、有气势，把这三个本来已经靠后的舌根音发得更靠后，这样极容易把韵母也带到后面，导致发声状态不正确。喉音的产生和它有直接的关系。

● 要注意舌位有意识地前移，也就是"后音前发"。

字词练习：

g

哥　钢　耕　姑　干　公　更
古　关　光　广　工

改革　巩固　高贵　光顾　公共　感官
规格　灌溉　公告　骨骼　梗概　骨干
甘心情愿　甘拜下风　感人肺腑
高歌猛进　高谈阔论　歌功颂德
纲举目张　顾虑重重　各自为政

功德无量 公而忘私 光彩夺目

k

考 坑 课 口 空 枯 坎
扣 宽 看 卡 框 哭 渴
开垦 宽阔 刻苦 可靠 空旷 坎坷
困苦 开口 慷慨 苛刻 窥看 亏空
开卷有益 可歌可泣 扣人心弦
侃侃而谈 康庄大道 刻骨铭心
空前绝后 开门见山 口蜜腹剑
开源节流 苦尽甘来 宽大为怀

h

海 哈 杭 好 河 湖 欢
画 吼 很 坏 灰 怀 还
欢呼 荷花 航海 绘画 浑厚 红花
黄海 黄昏 悔恨 含混 缓和 和好
海枯石烂 海阔天空 海誓山盟
骇人听闻 汗马功劳 好景不长
好大喜功 好为人师 和平共处

含沙射影　含糊其词　豪情壮志

句段练习：

哥挎瓜筐过宽沟，

赶快过沟看怪狗，

光看怪狗瓜筐扣，

瓜滚筐空哥怪狗。

华华有两朵黄花，

红红有两朵红花。

华华要红花,红红要黄花。

华华送给红红一朵黄花，

红红送给华华一朵红花。

5.舌面音:j、q、x

发音部位描述:指舌面前部抵住或接近硬腭前部,气流在这一部位受到阻碍后形成的音。

要点提示：

● 这组音最容易出现尖音（舌尖化）的问题。对于播音员来说,有了尖音,显得不庄重、不朴实。为了防止尖音的出现,除了做好辨音外,注意不要让舌尖碰到牙齿或跑到两齿之间。

• 发 j、q、x 时部分人舌尖下垂至下齿龈,舌尖后移,可能是受方言影响(如山东方言),所以发音时要找准发音部位。

字词练习:

j

江　机　家　街　景　金　炯
居　捐　叫　脚　决　俊　俭
加紧　境界　交际　简洁　家境　经济
集结　即将　建交　积极　艰巨　倔强
饥寒交迫　　积少成多　　集思广益
济济一堂　　驾轻就熟　　箭在弦上
假公济私　　价廉物美　　近水楼台
皆大欢喜　　惊天动地　　见景生情

q

青　亲　欺　桥　枪　情　球
去　全　缺　取　窃　前　恰
亲切 恰巧 请求 轻巧 情趣 秋千
崎岖 求亲 气球 齐全 弃权 铅球
七上八下　其貌不扬　奇耻大辱
取之不尽　奇珍异宝　旗鼓相当
千载难逢　岂有此理　气吞山河
气象万千　求同存异　恰如其分

x

先　西　香　新　兴　凶　修
小　宣　许　雪　休　校　消
学习 形象 相信 虚心 新鲜 先行
休息 血型
熙熙攘攘　喜出望外　兴高采烈
细水长流　下马看花　先声夺人
弦外之音　现身说法　相敬如宾
心心相印　喜新厌旧　逍遥自在

句段练习:

七加一,七减一,
加完减完等于几?
七加一,七减一,
加完减完还是七。

七巷一个漆匠,西巷一个锡匠。
七巷漆匠偷了西巷锡匠的锡,
西巷锡匠拿了七巷漆匠的漆。
七巷漆匠气西巷锡匠偷了漆,
西巷锡匠讥七巷漆匠拿了锡。
请问漆匠和锡匠,
谁拿了谁的锡,谁偷了谁的漆?

6.舌尖后音:zh、ch、sh、r

发音部位描述:舌尖与齿龈后部硬腭前缘接触或接近构成阻碍后发出的一种辅音。

要点提示:

● 这组音又叫翘舌音,它发音时易和

舌尖前音相混。

• 从部位上说,一种情况是这组声母发得比较靠后,把翘舌音发成了卷舌音,要着重练习翘起这个动作。另一种情况是发音偏前,舌位较平,接近于平舌音的位置。这时,舌尖要尽量后移,顶住硬腭前部,再发舌尖后音,听起来就不那么偏前了。

• 发音时注意下巴松弛,牙关打开,气息通畅。

字词练习:

zh

| 赵 | 郑 | 知 | 中 | 朱 | 专 |
| 庄 | 周 | 重 | 抓 | 追 | 扎 |

庄重	主张	政治	转折
指针	战争	支柱	挣扎
郑重	状纸	招致	着装
制止	折中	斟酌	招展

掌上明珠 招兵买马 振振有词

争先恐后 珠圆玉润 郑重其事
知法犯法 知己知彼 知无不言
咫尺天涯 至高无上 至理名言

ch

产 吵 车 陈 程 冲
除 船 吹 春 查 揣
超产 长城 船厂 穿插
车床 出产 长处 乘车
拆穿 沉重 初春 出厂
出处 串场 创制 铲除
触类旁通 长篇大论 长期共存
畅所欲言 陈词滥调 沉默寡言
成人之美 承上启下 吃苦耐劳
赤胆忠心 叱咤风云 愁眉不展

sh

沙 蛇 筛 省 双 书
生 上 顺 山 水 晌
山水 双手 闪烁 神圣

沙石　　绅士　　手术　　赏识
审视　　少数　　设施　　烧水
上山　　闪失　　首饰　　事实
深入人心　神采奕奕　身价百倍
实事求是　史无前例　始终不懈
始终如一　世外桃源　事半功倍
事在人为　适得其反　势如破竹

日　入　如　忍　软　荣　让
然　若　柔　辱　苒　弱　儒
仍然　柔韧　容忍　闰日　荣辱
扰攘　如若　荏苒　软弱　忍让
入情入理　若无其事　日落西山
如愿以偿　仁至义尽　如闻其声
燃眉之急　若有所思　如梦初醒
人定胜天　忍辱负重　人云亦云

句段练习:

认识从实践始,实践出真知。

知道就是知道,不知道就是不知道。

不要知道说不知道,

也不要不知道装知道,

老老实实,实事求是,

一定要做到不折不扣的真知道。

史老师,讲时事,常学时事长知识。

时事学习看报纸,报纸登的是时事,

心里装着天下事。

朱家一株竹,竹笋初长出。

朱叔处处锄,锄出笋来煮。

锄完不再出,朱叔没笋煮,

竹株又干枯。

日头热,晒人肉,晒得心里好难受。

晒人肉,好难受,晒得头上直冒油。

7. 舌尖前音：z、c、s

发音部位描述：舌尖平伸抵住或接近上齿背，气流在这一部位受到阻碍后发出的音。

要点提示：

- 一定要部位准确，舌尖要与上齿背成阻而不是舌前部整个贴在上齿背或齿龈上，否则舌中部无力。
- 成阻面要小，力量要集中。
- 避免舌尖伸到两齿中间变成齿间音。

字词练习：

z

栽　脏　遭　贼　怎　增
宗　资　租　嘴　尊　钻
藏族　宗教　总则　自尊　坐姿
祖宗　自足　造作　在座　最早
自得其乐　再接再厉　责无旁贷

自告奋勇　座无虚席　坐吃山空
左右为难　罪魁祸首　自作自受
自以为是　字里行间　孜孜不倦

C

猜　擦　参　仓　策　此
粗　摧　村　匆　凑　搓
层次　粗糙　摧残　仓促　措辞
苍翠　草丛　参差　从此　猜测
惨不忍睹　沧海桑田　草木皆兵
侧目而视　此起彼伏　藏头露尾
才疏学浅　惨无人道　蚕食鲸吞
藏龙卧虎　草草了事　寸步难行

S

撒　三　桑　涩　松　思
苏　孙　四　色　扫　塞
色素　洒扫　琐碎　松散　三思
思索　四散　搜索　诉讼　散碎
司空见惯　丝丝入扣　死里逃生

死去活来　　四面楚歌　　四通八达
死有余辜　　俗不可耐　　所向无敌
随机应变　　随声附和　　损人利己

句段练习：

早晨早早起，早起做早操，
人人做早操，做操身体好。

刚往窗上糊字纸，
你就隔着窗户撕字纸，
一次撕下横字纸，
一次撕下竖字纸，
横竖两次撕了四十四张湿字纸。
是字纸你就撕字纸，不是字纸，
你就不要胡乱地撕一地纸。

四十四个字和词，组成一首子词丝的绕口词，

桃子、李子、梨子、栗子、橘子、柿子、槟子和榛子栽满院子、村子和寨子，

刀子、斧子、锯子、凿子、锤子、刨子、尺

子和钉子做出桌子、椅子和箱子,

名词、动词、数词、量词、代词、副词、助词、连词造成语词、诗词和唱词,

蚕丝、生丝、熟丝、缫丝、染丝、晒丝、纺丝、织丝、自制粗丝、细丝、人造丝。

二、难点声母对比训练

1.送气音和不送气音的分辨

要点提示:

● 送气、不送气是相对而言的,都是指发音时气流送出的状态。没有不用气就可以发出的音。气流自然地流出、微弱且短的是不送气音。用力喷出一口气的是送气音。

● 练习发送气音时要注意节制气流,以避免气流太强产生噪声,使话筒里传出"扑扑"的杂音。

(1) 两字词的比较

b、p	被服—佩服	饱了—跑了
	步子—铺子	鼻子—皮子
d、t	队伍—退伍	调动—跳动
	河道—河套	肚子—兔子
g、k	挂上—跨上	关心—宽心
	天公—天空	干完—看完
j、q	尖子—扦子	吉利—奇丽
	长江—长枪	精华—清华
zh、ch	摘花—拆花	扎针—插针
	大志—大翅	竹纸—竹尺
z、c	子弟—此地	大字—大刺
	坐落—错落	清早—青草

(2) 两字词的连用

b、p	编排	被迫	奔跑	爆破
p、b	陪伴	配备	破败	盘剥
d、t	代替	地毯	带头	灯塔
t、d	偷盗	坦荡	态度	天地

g、k	赶快	港口	功课	高亢
k、g	肯干	客观	考古	开工
j、q	机器	价钱	近亲	坚强
q、j	千斤	勤俭	抢救	请假
zh、ch	支持	专长	战船	征程
ch、zh	吃斋	车站	城镇	沉重
z、c	字词	早餐	杂草	资财
c、z	参赞	存在	刺字	操纵

(3) 句段练习

大兔肚子大,小兔肚子小。

大兔比小兔肚子大,

小兔比大兔肚子小。

吃葡萄不吐葡萄皮儿,

不吃葡萄倒吐葡萄皮儿。

不吃葡萄别吐葡萄皮儿,

吃葡萄也别吐葡萄皮儿。

不论吃葡萄不吃葡萄,

都不要乱吐葡萄皮。

2.平舌音与翘舌音的分辨

要点提示：

• 共同点是舌头整个呈现马鞍形,即有两个焦点,一个在前(舌尖与上齿背),一个在后(舌尖与硬腭前部),前高后低,舌面中部呈下凹形态。平舌音的焦点比翘舌音靠前。

• 平舌音的舌面中部下凹度较浅,而翘舌音的舌面下凹度较深。

(1) 两字词的比较

z、zh　自力—智力　栽花—摘花
　　　　短暂—短站　小邹—小周

c、ch　仓皇—猖狂　一层—一成
　　　　藏身—长生　有刺—有翅

s、sh　四十—事实　散光—闪光
　　　　三哥—山歌　塞子—筛子

(2) 两字词的连用

z、zh　组织　杂志　再植　赞助

zh、z	振作	装载	种族	制造
c、ch	蚕虫	操场	财产	擦车
ch、c	炒菜	冲刺	尺寸	陈词
s、sh	桑树	算术	宿舍	松鼠
sh、s	神色	失散	深思	哨所

（3）句段练习

长虫围着砖堆转，
转完了砖堆钻砖堆。

山前有四十四棵死涩柿子树，
山后有四十四只石狮子。
山前的四十四棵死涩柿子树，
涩死了山后的四十四只石狮子。
山后的四十四只石狮子，
咬死了山前的四十四棵死涩柿子树。
不知是山前的四十四棵死涩柿子树，
涩死了山后的四十四只石狮子，
还是山后的四十四只石狮子，
咬死了山前的四十四棵死涩柿子树。

3.翘舌音与舌面音的分辨

要点提示：

● 翘舌音与舌面音易在粤方言区产生问题，如将"知道"（zhī dào）错念成"机到"（jī dào）。

● 这两组声母的发音方法有相同之处，都是不送气音，塞擦音。

● 发音部位不同。发翘舌音，舌尖翘起后，顶住或靠近上齿龈后部、硬腭前缘；而发舌面音的时候，舌面前部抵住或接近硬腭前部，接触面积比较大。

（1）两字词的比较

zh、j	标志—标记	朝气—娇气
	短站—短剑	杂志—杂技
ch、q	长生—强身	池子—旗子
	船身—全身	痴人—奇人
sh、x	诗人—昔人	湿气—吸气

(2) 两字词的连用

zh、j	战舰	章节	真假	折旧
j、zh	价值	急诊	加重	记者
ch、q	插曲	初期	唱腔	常情
q、ch	起程	球场	汽车	清澈
sh、x	水仙	顺心	升学	瘦小
x、sh	协商	显示	欣赏	兴盛

(3) 句段练习

稀奇稀奇真稀奇,

麻雀踩死老母鸡,

蚂蚁身长三尺七,

七十岁的老头儿躺在摇篮里。

歌逐晨雾飞,

蹄下露珠碎,

北疆铁骑去巡逻——满身披朝晖。

心潮起伏似海涌,

战斗激情如江水,

凝视茫茫大草原,

胸怀世界为人类。

疾雨洗军衣,

惊雷壮军威,

春夏秋冬如一日——昼夜勤巡回。

长征火种播心田,

中南海灯光照边陲,

阳光雨露育新蕾,

锤炼红色新一辈。

金光洒满道,

锦绣铺塞北,

胜利歌儿一曲曲,

声声引人醉,

矫健战马急鞭催,

钢铁长城筑心内。

4.舌面音的辨析

要点提示:

● 舌面音 j、q、x 跟 i、ü 或以 i、ü 开头的韵母拼合的,叫团音;舌尖前音 z、c、s 跟

i、ü 或以 i、ü 开头的韵母拼合的,叫尖音。

● 普通话里没有尖音,只有团音。目前一部分人把舌面音发成了尖音,发 j、q、x 时舌尖顶在下齿龈,也就是说舌面音发得太靠前了。

(1)两字词的练习

j	嘉奖	健将	讲解	简洁
q	亲切	轻巧	气球	秋千
x	新鲜	雄心	相信	行销

(2)混合练习

j、q	坚强	解劝	进取	就寝
j、x	焦心	酒席	俊秀	迹象
q、j	清洁	奇迹	起居	巧计
q、x	抢先	前线	亲信	取消
x、j	消极	细节	先进	夏季
x、q	稀奇	戏曲	向前	小桥

(3)句段练习

尖塔尖,尖杆尖,

杆尖尖似塔尖尖,
塔尖尖似杆尖尖。

肖剑同学勤奋好学,
积极上进,精神可嘉!

5.舌尖前音的辨析

要点提示:

● 舌尖前音 z、c、s 是易产生问题的一组音,要注意发音部位的准确。舌尖前音是舌尖平伸抵住或接近上齿背,气流在这一部位受到阻碍后发出的音,又叫平舌音。

● 舌前部与上齿背接触面过大或过紧会产生噪声。发音时,成阻面要小,力量要集中。

● 如果舌尖没与上齿背成阻,跑到两齿中间去了,会形成所谓的"大舌头",变成齿间音。

(1)两字词的练习

z   最早   总则   造作   曾祖

c	苍翠	草丛	寸草	从此
s	思索	僧俗	搜索	琐碎

(2) 混合练习

z、c	杂草	早餐	遵从	座次
z、s	棕色	走私	阻塞	砸碎
c、z	菜籽	嘈杂	存在	操作
c、s	醋酸	蚕丝	厕所	粗俗
s、z	塞子	散座	四则	色泽
s、c	私藏	松脆	色彩	酸菜

(3) 句段练习

桑蚕吐丝丝缠蚕,
蚕丝缠蚕蚕吐丝。

这是蚕,那是蝉。
蚕常在叶里藏,
蝉常在林里唱。

三月三,阿三撑伞上深山。
上山又下山,
出了满身汗,

湿透了衬衫。

下山跑回家,

想想真受伤,

上山下山一共跑了三里三。

6.唇齿音 f 和舌根音 h 的分辨

要点提示:

● 了解发音部位,着重练习发音部位,这是分辨两个声母的前提。

● 它们的发音方法是一样的,都是清擦音。

● 区别是在成阻部位上。唇齿音 f 是上齿和下唇形成阻碍,而舌根音 h 的成阻部位在舌根和硬腭与软腭交界处。有些方言区的人(如湘语)易将两者相混淆。

● 要进行听力训练,从听感上灵敏地区分 f、h。

(1)两字词的比较

f、h　开发—开花　开方—开荒

公费—公会　废话—绘画

(2)两字词的连用

f、h　发挥　繁华　凤凰　饭盒

h、f　恢复　会费　回访　豪放

(3)句段练习

风吹灰飞,灰飞花上花堆灰,

风吹花灰灰飞去,灰在风里飞呀飞。

会糊我的粉红活佛花,

就糊我的粉红活佛花;

不会糊我的粉红活佛花,

可别糊坏了我的粉红活佛花。

黑化肥发灰,灰化肥发黑。

黑化肥发黑不发灰,

灰化肥发灰不发黑。

7.鼻音 n 和边音 l 的分辨

要点提示:

- 它们的发音部位相同,不同的只是

发音方法。n是鼻音,发音时,气流从鼻腔流出。l是边音,发音时,气流从舌的两边流出。如感觉不到,可把鼻子堵住,发音困难的就是鼻音,因为气流出不来了。相反,发音不困难的就是边音。

• 练习发边音时,可适当地把嘴咧开一些,这样就可以帮助气流从舌头两边顺利流出。

(1) 两字词的比较

n、l 女客—旅客 男子—篮子
　　　难住—拦住 留念—留恋

(2) 两字词的连用

n、l 尼龙 脑力 能量 暖流
l、n 烂泥 辽宁 老年 留念

(3) 句段练习

门外有四辆车,

你爱拉哪两辆就拉哪两辆。

牛拉碾子碾牛料,

碾完了牛料留牛料。

牛郎年年恋刘娘,

刘娘连连念牛郎;

牛郎恋刘娘,刘娘念牛郎;

郎恋娘来娘念郎。

第三单元　普通话韵母训练

韵母是音节中声母后面的部分,普通话里一共有39个韵母。其中单韵母有10个,复韵母有13个,鼻韵母有16个。有的韵母由韵头、韵腹和韵尾三部分组成。韵头通常由i、u、ü来担任;韵腹是韵母的主要角色,由10个单元音担任;韵尾由i、u(o)和两个鼻辅音n、ng担任。如果按韵母开头元音的发音特点来分,可以分为开口呼、齐齿呼、合口呼、撮口呼四类。

单元音韵母10个:a、o、e、ê、i、u、ü、-i(舌尖前元音韵母)、-i(舌尖后元音韵母)、

er(卷舌韵母)。

复合元音韵母13个：

ai、ei、ao、ou(二合前响复韵母)，

ia、ie、ua、uo、üe(二合后响复韵母)，

iao、iou、uai、uei(三合中响复韵母)。

复合鼻尾音韵母16个：

an、en、ian、in、uan、uen、üan、ün(8个前鼻音韵母)，

ang、eng、iang、uang、ing、ueng、ong、iong(8个后鼻音韵母)。

一、单韵母发音训练

a

要点提示：

● 这是一个央低稍偏后不圆唇元音。发音时,软腭上升,关闭鼻腔,音波从口腔出。前舌面下降,舌中部微隆起,舌位低,口腔开度大。

- 发音时,注意口腔打开,气流通畅,下巴松弛,舌位避免偏前或靠后。
- 元音 a 独自成为音节,或用作单韵母,或与介音 i、u 构成复韵母 ia、ua 时,舌位在当中最低处。如果把 a 的舌位向前移一点,或向后移一点,也发出 a 音,但是声音稍有不同,可以叫它"前 a"或"后 a"。复合音 ai、an 等韵所包括的 a 就是"前 a";ao、ang 等韵所包括的 a 就是"后 a"。这两个 a 音不必单独来练,只要在学习"复韵母"和"鼻韵母"时联系起来观察体会就行。

字词练习:

阿　巴　怕　妈　发　搭
他　拉　哈　扎　叉　沙
发达　打靶　喇叭　砝码　打卡
哈达　爸爸　妈妈　拉萨　沙发
八面玲珑　跋山涉水　茶余饭后

大有作为　　大智若愚　　煞有介事
飒爽英姿　　马不停蹄

句段练习：

妈妈开拉达，爸爸桑塔纳，
娃娃是警察，跨上雅马哈。

有一个喇嘛，手里提着个蛤蟆；
有一个哑巴，腰里别着个喇叭。
手里提着蛤蟆的喇嘛
要拿蛤蟆换哑巴腰里别着的喇叭；
腰里别着喇叭的哑巴
不肯拿喇叭换喇嘛手里提着的蛤蟆。
手里提着蛤蟆的喇嘛
打了腰里别着喇叭的哑巴一蛤蟆，
腰里别着喇叭的哑巴
也打了手里提着蛤蟆的喇嘛一喇叭。

o

要点提示：

• 后半高圆唇元音。发音时，它的口腔比 a 略窄，口腔半闭，舌头后缩，舌根抬起，舌高点偏后，舌面两边微卷，舌中部凹进。

• 注意两唇要收敛，嘴角略撮一些，但唇不要向前噘，上下唇的距离有一食指宽就行了。

• 在东北方言中，o 这个元音独立作为韵母时，往往由 e 来替代，如将波/bo/、坡/po/、摸/mo/读成/be/、/pe/和/me/，需特别引起注意。

字词练习：

泼　播　摸　佛　摩　婆
迫　膜　墨　抹　坡　泊

薄膜　磨破　伯伯　婆婆　默默
菠萝　薄弱　破获　萝卜　泼墨

莫名其妙　　莫逆之交　　默默无闻
模棱两可　　博学多才　　博古通今
迫在眉睫　　破涕为笑　　破釜沉舟
迫不及待　　博闻强记　　波澜壮阔

句段练习：

打南坡走来个老婆婆，
两手托着俩笸箩。
左手托着的笸箩装着菠萝，
右手托着的笸箩装着萝卜。
你说说，
是她左手托着的笸箩装的菠萝多，
还是她右手托着的笸箩装的萝卜多？
说得对送你菠萝和萝卜，
说得不对让你扛着笸箩上山坡。

别摸抹了墨的破玻璃。

e

要点提示：

● 后半高不圆唇元音。发音时,在发 o 的基础上,唇稍向两嘴角展开就是 e 了, e 和 o 的区别就是不圆唇。

● 练习时,保持微笑状态,上下齿从外观上可见到,要稍有些距离,这样发音会圆润、明亮。

● 元音 o、e,舌位都是在后的,半高的。舌位相同,唇形不同。o 是圆唇,e 是不圆唇,都能作单韵母。o 可以与 u 结合成为复韵母 uo、ou。

字词练习：

哥　渴　乐　德　车　奢

热　瑟　遮　鹅　喝　策

特赦　折合　特色　客车　色泽

割舍　合格　苛刻　隔阂　瑟瑟

责无旁贷　刻骨铭心　得心应手

歌舞升平　可歌可泣　克己奉公
和盘托出　和颜悦色　何乐不为
各行其是　隔岸观火　何去何从

句段练习：

坡上立着一只鹅,

坡下就是一条河。

宽宽的河,肥肥的鹅,

鹅要过河,河要渡鹅。

不知是鹅过河,还是河渡鹅。

颗颗豆子进石磨,

磨成豆腐送哥哥。

哥哥说我的生产虽然少,

可是小小的生产贡献多。

ê

要点提示：

● 元音 ê 在北京语音里,永远与 i、ü 结合成复韵母,一般不单独使用,不直接与声母相拼。

● 发音时,它的舌位是在前的,半低的。如果念不好这个韵母,可以连着 i,念 ie;连着 ü 念 üe。

● ê 是不圆唇。

字词练习:

节　切　撇　别　雪　缺
接　绝　靴　些　怯　雀
谢谢　借阅　确切　雪夜　雀跃
约略　学界　协约　决绝　略写
锲而不舍　邪不压正　绝处逢生
确有其事　跃马扬鞭　戒骄戒躁
血气方刚　切肤之痛

句段练习:

南边来个老爷子,
手里拿碟子,
碟子里装茄子,
一下碰上了橛子。

打了碟子,

洒了茄子,

摔坏了老爷子。

i

要点提示:

● 前高不圆唇(展唇)元音,是普通话中舌位最前最高的元音。发音时,口腔开度较小,舌尖在下齿背,舌中部隆起,前舌面上升接近硬腭,舌高点偏前,气流通路狭窄,但不应使气流产生摩擦,嘴角向两边展开呈扁平状。

● 练习时,尽量把口腔打开些,舌位稍后些,这就是"窄元音宽发"。

字词练习:

衣 戏 笔 器 稀 低 泥

比 鼻 批 梯 基 西 漆

袭击 离奇 立即 秘密 起义

笔记 地理 机器 激励 霹雳

立竿见影　地大物博　一技之长
急中生智　比比皆是　毕恭毕敬
疲于奔命　低声下气　鸡犬不宁
疾言厉色　既往不咎　一鼓作气

句段练习：
老毕篱下脱坯，老季窗西喂鸡。
老毕脱坯怕碰跑了老季的鸡，
老季喂鸡怕碰坏了老毕的坯。
老毕顾及老季，老季顾及老毕。
老季喂好鸡没碰坏老毕的坯，
老毕脱完坯没碰跑老季的鸡。

唧唧复唧唧，木兰当户织。
不闻机杼声，唯闻女叹息。
问女何所思，问女何所忆。
女亦无所思，女亦无所忆。(《木兰诗》)

u

要点提示:

● 后高圆唇元音,是普通话中舌位最后最高的元音。

● 发音时,口腔开度较小,舌尖离下齿背稍远,舌头后缩,后舌面上升接近软腭,气流通路狭窄,唇向前撮,呈圆形,如吹气状,音色较暗。

字词练习:

促　出　肚　路　姑　苦　入
哭　护　书　苏　补　乌　服
突出　互助　图书　出路　读书
糊涂　出租　孤独　补助　粗鲁
不共戴天　出类拔萃　孤芳自赏
顾此失彼　古色古香　故步自封
入木三分　触目惊心　如愿以偿
触景生情　出口成章　古今中外

句段练习:

村里有个顾老五,
穿上新裤去卖谷。
卖了谷,买了布,
外加一瓶老陈醋。
肩背布,手提醋,
老五急忙来赶路。
走了一里路,看见一只兔。
老五放下布和醋,
糊里糊涂去追兔。
挂破了裤,没追上兔;
回来不见了布和醋。

寒雨连江夜入吴,
平明送客楚山孤。
洛阳亲友如相问,
一片冰心在玉壶。
(《芙蓉楼送辛渐》王昌龄)

ü

要点提示：

● 前高圆唇元音。发音时，口腔开度较小，唇圆呈扁平形小孔，双唇聚拢，两嘴角撮起，没有 u 圆，舌高点比 i 略后。

● ü 和 i 的发音情况基本相同，区别就在于唇形的圆扁，但 ü 没有 i 那么明亮。元音 i、ü，舌位都是在前的、高的。i 是不圆唇，ü 是圆唇。如果念不准 ü，可以先念 i，再将声音拖长，逐渐收敛嘴角，成为圆形，这就变成 ü 了。

● 元音 u，舌位是在后的、高的，唇形是圆唇。u、ü 虽然都是圆唇，但形状并不一样；发 u 时两唇更收敛。练习 i、u、ü 三个元音的发音，要好好比较唇形。

● i、u、ü 都能单独作韵母，也能作音节中的"介音"（或"韵头"），与其他元音结合成为复韵母，如 ia、uan、üe 等。i、u 还能作韵尾,如 ei、ou 等。

字词练习:

菊　女　吕　虚　屈　居
迁　取　举　句　曲

区域　序曲　语句　聚居　曲剧　豫剧
举目无亲　聚精会神　取而代之
嘘寒问暖　局促不安　据为己有
聚沙成塔　屈指可数　举足轻重
据理力争　取长补短　与众不同

句段练习:

芜湖徐如玉,出去屡次遇大雾。
曲阜苏渔庐,上路五度遇大雨。

er

要点提示:

● 不圆唇卷舌元音。发音时,口腔在半开半闭之间,舌尖卷起,对着硬腭。

● er 是一个特别的元音,叫"卷舌元音"。发音时舌位与中央 e 一样,但舌尖要对着硬腭轻巧地向上一卷。如果对镜练习,自己应该看得见舌前部的底面,如果看不见,就是这个音没发好。

• 这个元音只能自成音节,不和声母相拼。

• 实际读音有[ɑr]和[er]之分,当读序数词"二"时为[ɑr],其他字音则是[er]。

字词练习:

儿　耳　二　尔　而　洱
儿女　而且　耳朵　儿戏　耳语
二十　二胡　儿童　尔后　洱海
耳目一新　耳濡目染　耳听八方
出尔反尔　耳闻目睹　尔虞我诈
接二连三　耳熟能详　取而代之

句段练习:

要说尔,专说尔,

马尔代夫,喀布尔,

阿尔巴尼亚,扎伊尔,
卡塔尔,尼泊尔,
贝尔格莱德,厄瓜多尔,尼日尔。

-i(前)

要点提示:

● 舌尖前不圆唇元音,发音时,舌尖轻抵下齿背,舌面前部对着上齿龈,但不要靠得太近,也不要发生摩擦。比 i 发得低一点,靠后一点,口腔也要开一些。

● 在普通话里只能和 z、c、s 相拼,不能自成音节。

字词练习:

资　　词　　思　　紫　　此
私自　四次　子嗣　次子　此次
孜孜不倦　慈眉善目　丝丝入扣
自以为是　恣意妄为　词不达意
四平八稳　似是而非

句段练习:

操场前面有三十三棵桑树,
操场后面有四十四棵枣树。
张三把三十三棵桑树认作枣树,
赵四把四十四棵枣树认作桑树。

-i(后)

要点提示:

• 舌尖后不圆唇元音,发音时,舌尖翘起对着硬腭前部,舌头后缩,使气流受到节制,不致发生摩擦。

• 这个单韵母只和 zh、ch、sh、r 四个声母相拼,不能自成音节。

字词练习:

只 吃 日 实 知 事
支持 日食 食指 市尺 智齿
实事求是 视而不见 赤子之心
执迷不悟 痴人说梦 时不我待
指鹿为马 知书达理

句段练习：

知之为知之，

不知为不知，

不以不知为知之，

不以知之为不知，

唯此才能求真知。

二、复韵母发音训练

从图 1 音素舌位综合示意图可以看出辅音、元音位置的相互关系。上面曲线是上唇、上齿、硬腭、软腭，表示所有辅音的发音部位。四边形表示元音的"舌位"。

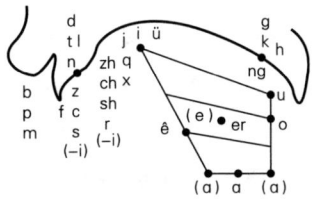

图 1 音素舌位综合示意图

这幅图可以看出"复合音"(复韵母、鼻韵母)的构成关系,还有"前 a""后 a""中央 e"等的使用等。

1.二合韵母

ai

要点提示:

• 前响复韵母。发音时,a 处于略前而高的位置,口腔开度略小。i 只是表示舌头移动的方向,实际到不了 i 的位置。

• a 音较为清晰响亮,i 音发得轻短较弱,并应避免偏前,要打开口腔。

字词练习:

| 白 | 拍 | 买 | 柴 | 赛 | 开 |
| 来 | 摘 | 改 | 该 | 海 | 拆 |

彩排　开采　买卖　灾害　海带
白菜　晒台　拍卖　拆台　爱戴
爱莫能助　爱屋及乌　塞翁失马
爱憎分明　拍手称快　哀鸿遍野

开诚布公　开门见山　开天辟地

海枯石烂　排山倒海　百发百中

句段练习:

买白菜,搭海带,

不买海带就别买大白菜。

买卖改,不搭卖,

不买海带也能买到大白菜。

红岩上红梅开,

千里冰霜脚下踩。

三九严寒何所惧,

一片丹心向阳开。(《红梅赞》)

ei

要点提示:

● 前响复韵母。ei 里的 e 音是一个前半高不圆唇元音。舌位比 i 音低一点。它与前面提到的单元音 e 并不是同一音位,只是写法相同罢了。ei 里的 i 音舌位比单发的 i 音略低,舌高点略偏后。

● 由于是前响,前面的音素发得要清晰、响亮,后面的音素发得轻短较弱。

字词练习:

杯　梅　黑　内　非　贼
胚　累　飞　贝　媚　给
配备　肥美　蓓蕾　黑煤　妹妹
背煤　北美　北非　贝类
黑白分明　悲欢离合　飞黄腾达
飞沙走石　飞扬跋扈　费尽心机
废寝忘食　杯弓蛇影　背道而驰
背井离乡　美不胜收　肥头大耳

句段练习:

贝贝飞纸飞机,
菲菲要贝贝的纸飞机,
贝贝不给菲菲自己的纸飞机,
贝贝教菲菲自己做能飞的纸飞机。

草木知春不久归,
百般红紫斗芳菲。

杨花榆荚无才思,
惟解漫天作雪飞。(《晚春》韩愈)

ao

要点提示:

• 前响复韵母。发音时,ao 中的 a 受到后高元音 o 的影响,a 处于比较靠后的位置,舌位也高一点。o 同时受到 a 的影响,舌位比单发音稍低,嘴唇略圆。

• 注意"后音前发"的问题。

字词练习:

包　抛　猫　刀　掏　脑
考　绕　高　熬　耗　招
报告 高潮 逃跑 高考 早操 号召
照抄 劳保 报到 操劳 牢靠 抛锚
劳而无功　老成持重　老生常谈
草木皆兵　报仇雪恨　饱食终日
草草了事　老态龙钟　操之过急
稍胜一等　少见多怪　少年老成

句段练习:

东边庙里有只猫,
西边树梢有只鸟。
猫鸟天天闹,
不知是猫闹树上鸟,
还是鸟闹庙里猫。

高高山上有座庙,
庙里住着俩老道。
一个年纪老,
一个年纪小。
庙前长着许多草,
有时候老老道煮药,
小老道采药,
有时候小老道煮药,
老老道采药。

月黑雁飞高,单于夜遁逃。
欲将轻骑逐,大雪满弓刀。
(《塞下曲》卢纶)

ou

要点提示：

• 前响复韵母。ou 里的 o 比单发时舌高点略后且略高，但 o 的唇形没有单发时圆，双唇略撮，舌尖微接下齿背，舌位在 e 稍后处。

• o 发得较长较响亮，u 比单发时口腔开度大，但唇形比 u 扁，舌根隆起，发音较短。

字词练习：

凑　搜　柔　抽　收　舟
谋　候　沟　扣　偷　楼
收购　抖擞　欧洲　漏斗　口头
丑陋　豆蔻　走漏　喉头
心口如一　手舞足蹈　臭名远扬
踌躇满志　厚古薄今　愁眉不展
手无寸铁　虚有其表　后继无人
首当其冲　守口如瓶　寿终正寝

句段练习：

一只猴牵着只狗，
坐在油篓边上喝点酒。
猴喝酒还就着藕，
狗啃骨头也啃油篓。

昔人已乘黄鹤去，
此地空余黄鹤楼。
黄鹤一去不复返，
白云千载空悠悠。
晴川历历汉阳树，
芳草萋萋鹦鹉洲。
日暮乡关何处是？
烟波江上使人愁。（《黄鹤楼》崔颢）

ia

要点提示：

• 后响复韵母。发音时，a 由于受高元音 i 的影响，a 的舌位稍高，口腔开度比单发时稍闭。同样 i 也会受央低元音 a 的影响,舌位稍降。i、a 相比,i 的发音短暂,而极具过渡性;a 的发音较为响亮,时程也较长。

● 练习时注意"前音后发"。

字词练习:

俩　家　恰　瞎　甲　压
下　牙　峡　哑　虾　嗲
假牙　加价　夏家　恰恰　下车　假设
驾轻就熟　嫁祸于人　恰到好处
价廉物美　家喻户晓　恰如其分
价值连城　狭路相逢　下里巴人
下马看花　虾兵蟹将　假仁假义

句段练习:

贾家有女初出嫁,
嫁到夏家学养虾,
喂养的对虾个头儿大,
卖到市场直加价。

天上飘着一片霞,水上漂着一群鸭。

霞是五彩霞,鸭是麻花鸭。

麻花鸭游进五彩霞,

五彩霞挽住麻花鸭。

乐坏了鸭,拍碎了霞,

分不清是鸭还是霞。

ie

要点提示:

● 后响复韵母。ie 里的 e 是一个前半低不圆唇元音,在拼音方案中记作 ê,一般可以用 e 来替代。发音时,前舌面略向硬腭上升,舌位半低,比 ei 中的 e 略低一点。i 的发音较为短暂,ê 的发音较为响亮。

字词练习:

| 爹 | 铁 | 列 | 切 | 耶 | 些 |
| 贴 | 聂 | 茄 | 洁 | 别 | 灭 |

贴切　借鞋　结业　谢谢　姐姐

节烈　铁鞋　斜街　结节　趔趄

铁面无私　解放思想　锲而不舍

喋喋不休　切齿痛恨　别具一格

别开生面　借题发挥　借花献佛

解甲归田　别出心裁　夜长梦多

句段练习：

姐姐借刀切茄子，

去把儿去叶儿斜切丝，

切好茄子烧茄子，

炒茄子、蒸茄子，

还有一碗焖茄子。

寒蝉凄切，对长亭晚，骤雨初歇。都门帐饮无绪，留恋处，兰舟催发。执手相看泪眼，竟无语凝噎。念去去，千里烟波，暮霭沉沉楚天阔。(《雨霖铃》柳永)

ua

要点提示：

● 后响复韵母。发音时，a 的口形比

单发时稍圆,口腔稍开。u 的口形稍开,舌位稍降。u 的发音短暂,a 的发音较为响亮。

● 注意"后音前发"。

字词练习:

夸　花　抓　蛙　刷　华

瓜　垮　袜　耍　挖　刮

花袜　耍滑　娃娃　瓜分　画画

刷牙　抓紧　夸奖

画龙点睛　抓耳挠腮　花好月圆

画饼充饥　哗众取宠　夸夸其谈

寡见少闻　瓜田李下

句段练习:

一个胖娃娃,画了三个大花活蛤蟆;

三个胖娃娃,画不出一个大花活蛤蟆。

画不出一个大花活蛤蟆的

三个胖娃娃,

真不如画了三个大花活蛤蟆的

一个胖娃娃。

小华举花小花画,小花画画看小华。
小华问小花,画上画了啥?
小花举画答小华,画中有花有小华。

uo

要点提示:

● 后响复韵母。发音时,uo 里的 o 音比单发时口腔稍闭,唇形稍圆。uo 里的 u 音比单发时的唇形略大,但发得轻短,o 音发得响而长。

● 注意:uo 的发音动程窄,合口后,打开口腔,避免发成单韵母。

字词练习:

多　　托　　罗　　郭　　过　　妥
窝　　阔　　所　　错　　昨　　若
着落　硕果　哆嗦　过错　没落
错过　蹉跎　活泼　作战　夺取

脱颖而出　如火如荼　火树银花

落花流水　过目成诵　多快好省

络绎不绝　脱口而出　过河拆桥

胡作非为　缩手缩脚　多愁善感

句段练习：

郭伯伯,买火锅,

代买墨水和馍馍。

墨水馍馍装火锅,

火锅磨得墨瓶破。

狼打柴,狗烧火,

猫儿上炕捏窝窝,

雀儿飞来蒸饽饽。

üe

要点提示：

● 后响复韵母。üe 里 e 与 ie 中的 e 属同一元音,在拼音方案中记作 ê。发 ü 音较轻短,发 ê 音响而长。

- 发音时注意ü的撮口,打开口腔。

字词练习:

决　缺　月　虐　靴　雪
约　略　珏　薛　岳　阅
月缺　乐章　悦耳　雪夜　学界
决策　跃进　约束　月亮
绝无仅有　雪上加霜　学而不厌
血肉相连　略见一斑　血流成河
学以致用　绝处逢生　雪中送炭
血气方刚　却之不恭　略胜一筹

句段练习:

真绝,真绝,真叫绝,
皓月当空下大雪,
麻雀游泳不飞跃,
鹊巢鸠占鹊喜悦。

打南边来了个瘸子,
手里托着个碟子,
地下钉着个橛子,

绊倒了拿碟子的瘸子,

气得瘸子撇了碟子,拔了橛子。

2.三合韵母

iao

要点提示:

- 中响复韵母。发音时,在 ao 的基础上增加了 i(韵头)到 ao 的发音动程,ao 中的 a 舌位稍高且唇形略扁,这是受到了 i 的影响。i 的舌位比单元音 i 更高,与上颚接近甚至稍有摩擦,故称之为"半元音",而且发得轻短,a 发得响亮,最后趋向 o 的部位。

- iao 的发音动程较宽,唇形、舌位的变化较大。

字词练习:

飘　秒　小　交　巧　习

表　妙　跳　敲　笑　叫

巧妙　苗条　逍遥　小鸟　教条　缥缈

脚镣 娇小 吊桥 疗效 叫嚣

表里如一　标新立异　雕虫小技

咬文嚼字　调虎离山　妖言惑众

交头接耳　摇摇欲坠　焦头烂额

脚踏实地　挑肥拣瘦　调兵遣将

句段练习：

白庙外蹲一只白猫，

白庙里有一顶白帽。

白庙外的白猫看见了白帽，

叼着白庙里的白帽跑出了白庙。

青山隐隐水迢迢，秋尽江南草未凋。

二十四桥明月夜，玉人何处教吹箫？

(《寄扬州韩绰判官》杜牧)

iou

要点提示：

● 中响复韵母。发音时，舌位由 i(韵头) 向后向低过渡，o 音后舌面向软腭升起,唇形是圆的,韵尾 u 表示元音活动的方向。

- 对于口腔稍窄的人来说,注意口腔开度,以及尾音 u 的唇形,以保持字音的准确度。
- 在汉语拼音方案中写为 iu,但在实际发音中不能省略当中的 o 音,发音必须发全。

字词练习:

丢　牛　谬　刘　纠　秀
球　溜　修　优　秋　舅
绣球　牛油　悠久　舅舅　优秀
求救　妞妞

有声有色　流芳百世　求同存异
救死扶伤　流言蜚语　求全责备
咎由自取　袖手旁观　丢卒保车

句段练习:

出南门,走六步,

见着六叔和六舅。

叫声六叔和六舅,

借我六斗六升好绿豆。

过了秋,打了豆,

还我六叔六舅六十六斗六升好绿豆。

空山新雨后,天气晚来秋。

明月松间照,清泉石上流。

竹喧归浣女,莲动下渔舟。

随意春芳歇,王孙自可留。

(《山居秋暝》王维)

uai

要点提示:

● 中响复韵母。在 ai 的基础上增加了 u(韵头)到 ai 的发音动程,由于受到圆唇 u 音的影响,ai 里的 a 音变得稍圆。

● 发音时,u 音发得轻短,a 音发得响亮,最后趋向 i 音的部位,整个发音过程唇形舌位变化较大。

字词练习：

快　拽　揣　乖　槐　衰
怪　歪　甩　拐　块　踹
外快　怀揣　摔坏　乖乖　甩卖
率领　衰败　快拽　外踝　揣摩
宽大为怀　拐弯抹角　快马加鞭
脍炙人口　歪风邪气　怀才不遇
率性行事　外强中干

句段练习：

槐树槐，槐树槐，
槐树底下搭戏台。
人家的姑娘都来了，
我家的姑娘还没来。
说着说着就来了，
骑着驴，打着伞，
歪着脑袋上戏台。

uei

要点提示：

● 中响复韵母。发音时，ei 的前面加了一段 u 的发音动程，舌位从后先降后升，前舌面向硬腭上升，不圆唇，韵尾 i 表示元音活动的方向。

● 在非零声母音节中，e 并不突出，只是处于由 u 到 i 的过程中，所以在写法上省略掉这个 e，写作 ui。

字词练习：

愧　规　推　堆　追　吹
悔　水　催　嘴　威　虽

回归　回味　摧毁　垂危　水位
翠微　溃退　醉鬼

绘声绘色　对答如流　推陈出新
归心似箭　追悔莫及　退避三舍
水到渠成　推波助澜　挥汗如雨
微乎其微　回头是岸　危在旦夕

句段练习:

山前有个崔粗腿,

山后有个崔腿粗,

二人山前来比腿。

不知是崔粗腿比崔腿粗的腿粗,

还是崔腿粗比崔粗腿的腿粗?

慈母手中线,游子身上衣。

临行密密缝,意恐迟迟归。

谁言寸草心,报得三春晖。

(《游子吟》孟郊)

三、鼻韵母发音训练

1.前鼻音韵母

an

要点提示:

● 前鼻音韵母。发音时,an 中的 a 音受到前鼻韵尾 n 的影响,舌位处于比较前的位置,a 为前低不圆唇元音。n 的归音部位比它充当声母时的除阻部位稍后。

● 鼻韵母音节在语流中受到前后音节协同发音的影响,往往会丢失鼻尾辅音而使主要元音鼻化,但在我们练习阶段必须归音到鼻辅音上。

字词练习:

三 山 兰 干 反 般
满 安 担 坎 占 寒
汗衫 展览 散漫 漫谈 淡蓝
感染 反叛 难堪
安居乐业 万紫千红 三言两语
昙花一现 半路出家 暗送秋波
按兵不动 三位一体 攀龙附凤
暗箭伤人 半信半疑 删繁就简

句段练习:

出前门,往正南,
有个面铺面冲南,

门口挂着蓝布棉门帘。
摘了它的蓝布棉门帘,棉铺面冲南,
给它挂上蓝布棉门帘,
面铺还是面冲南。

相见时难别亦难,东风无力百花残。
春蚕到死丝方尽,蜡炬成灰泪始干。
(《无题》李商隐)

en

要点提示:

● 前鼻音韵母。发音时,e 的舌位比单发时靠前,舌头处于静止的位置,接着舌位升高,舌尖顶住上齿龈,软腭下垂,气流从鼻腔流出,归音到鼻辅音 n 上。

● 发音时,注意与 eng 这个后鼻音韵母的区别。

字词练习:

奔　喷　门　芬　阵　恨

肾　忍　尘　粉　跟　怎
深沉　认真　根本　愤恨　沉闷　振奋
分神　本人　本分　审慎　人参
分门别类　耐人寻味　身临其境
门庭若市　分道扬镳　分工合作
分秒必争　纷至沓来　奋不顾身
身不由己　门户之见　身体力行

句段练习：

真冷，真正冷，人人都说冷，
猛地一阵冷风，更冷。

小陈去卖针，小沈去卖盆。
俩人挑着担，一起出了门。
小陈喊卖针，小沈喊卖盆。
也不知是谁卖针，也不知是谁卖盆。

ian

要点提示：

●前鼻音韵母。an 韵前加了一个轻短的 i（韵头）结合而成。发音时，a 处于比较前且比较高的位置。

● 在实际运用中注意往返动程要宽,活动范围稍大些。

字词练习:

骗　棉　扁　田　电　牵
鲜　脸　年　便　免　烟
电线　简便　偏见　年限　鲜艳
牵连　减免
年富力强　坚持不懈　天涯海角
先声夺人　变幻莫测　颠沛流离
先礼后兵　点石成金　四面楚歌
恋恋不舍　鞭长莫及　见利忘义

句段练习:

天连水,水连天,水天无边波涟涟。
蓝蓝的天似绿水,绿绿的水似蓝天。
到底是天连水,还是水连天?

田建贤前天从前线回到家乡田家店。
只见家乡变化万千,

繁荣景象出现在眼前。
连绵不断的青山,一望无际的棉田,
新房连成一片,高压线通向天边。

in

要点提示:

● 前鼻音韵母。发音时,舌尖抵住下齿背发出 i 音,然后舌尖上举顶住上齿龈,同时软腭下降,气流从鼻腔流出。

● 实际运用中,i 音的开口度要适当扩大,以增加声音的圆润度。

字词练习:

音　民　滨　信　拼　敏
您　林　今　近　亲　琴
亲近　拼音　信心　濒临　尽心　金银
亲信　殷勤　贫民　民心　音信　近亲
饮水思源　引人注目　彬彬有礼
宾至如归　隐姓埋名　引古证今
心心相印　民不聊生　临渊羡鱼

引人入胜　心直口快　品头论足

句段练习：

你也勤来我也勤,生产同心土变金。
工人农民亲兄弟,心心相印团结紧。

生身亲母亲,谨请您就寝,
请您心宁静,身心很要紧。

不受尘埃半点侵,竹篱茅舍自甘心。
只因误识林和靖,惹得诗人说到今。
(《梅》王淇)

uan

要点提示：

● 前鼻音韵母。an 韵前加了一个轻短的 u（韵头）结合而成。发音时,a 的舌位比单发时靠前,a 为前低不圆唇元音。u 音的口形比单发时稍圆。

字词练习：

断　　晚　　馆　　欢　　团　　暖

砖　川　钻　酸　宽　环
贯穿　软缎　乱窜　婉转　专断
转换　宦官　欢迎　端正　专款
专长　栓塞　软弱　钻石　团结
欢天喜地　欢欣鼓舞　缓兵之计
关门大吉　冠冕堂皇　官样文章
宽宏大量　川流不息　穿云裂石
转危为安　万象更新　完璧归赵

句段练习：
他们本是管官的官,
我这被管的官怎能管那管官的官。
官管官,官被管,
管官,官管,叫我怎做官?

大帆船,小帆船,竖起桅杆撑起船。
风吹帆,帆引船,帆船顺风转海湾。

那边过来一只船,
这边漂去一张床,
船撞床,床撞船。

uen

要点提示：

● 前鼻音韵母。先发 u 音，舌头抬高接近软腭，圆唇，u 音发得轻短。紧接着，舌尖前伸抵上齿龈，软腭下降，气流从鼻腔流出。

● 语流中注意 u 音的圆唇与口腔开度的保持。中间的元音 e 是过渡性的，在非零声母音节中，中间的 e 被省略掉，记成 un。

字词练习：

温　盾　困　浑　轮　榥

存　孙　吞　春　顺　润

春笋　馄饨　温顺　昆仑　论文

温存　滚滚　吞吐　春色　村庄

困难　混淆　尊敬　准备

顿开茅塞　魂飞胆裂　浑然一体

混淆视听　温文尔雅　文过饰非

闻过则喜　滚瓜烂熟　寸草春晖

寸步不离　寸步难行　稳扎稳打

句段练习：

孙伦打靶真叫准，半蹲射击特别神，
本是半路出家人，摸爬滚打练成神。

初春时节访新村，喜看新村处处春。
农业政策威力大，建设新村春长存。

üan

要点提示：

●前鼻音韵母。an 韵前加了一个轻短的ü（韵头）结合而成。发音时，a 的舌位比单发时偏高，略在中部。ü 的舌位较高且靠前，唇形较圆。

●实际运用时，应注意撮口圆唇。

字词练习：

渊　宣　圈　绢　犬　选
眩　劝　娟　玄　楦　卷

源泉　圆圈　全权　渊源　愿望　捐献
劝说　宣传　选择　冤枉　渲染

全力以赴　原封不动　喧宾夺主
怨天尤人　鸡犬不宁　旋乾转坤
卷土重来　全神贯注　轩然大波
南辕北辙　全心全意　玄之又玄

句段练习：

圆圈圈，圈圆圈，
圆圆娟娟画圆圈。
娟娟画的圈连圈，
圆圆画的圈套圈。
娟娟圆圆比圆圈，
看看谁的圆圈圆。

山前有个严圆眼，
山后有个圆眼严，
两人上山来比眼，
不知是严圆眼的眼圆，
还是圆眼严的眼圆？

ün

要点提示：

● 前鼻音韵母。发音时，先发圆唇撮口的 ü 音，但唇形没有单发时那么圆，舌面接近硬腭。紧接着舌尖前伸抵上齿龈，软腭下垂，气流从鼻腔出。

● 注意舌面不要升得太高，以免产生摩擦的噪声。

字词练习：

晕　群　韵　军　蕴　俊
讯　裙　骏　允　殉　均
军训　均匀　运动　云雀　询问
熏陶　寻衅　军队　群体　功勋
寻找　迅速　晕倒
循序渐进　寻根究底　群魔乱舞
运用自如　群策群力　寻事生非
寻死觅活　循规蹈矩　训练有素
群龙无首　循名责实　循循善诱

句段练习:

蓝天上是片片白云,
草原上是银色的羊群。
近处看:这是羊群,那是白云;
远处看:分不清哪是白云,哪是羊群。

军车运来一堆裙,一色军用绿色裙。
军训女生一大群,换下花裙换绿裙。

2.后鼻音韵母

ang

要点提示:

● 后鼻音韵母。发音时,ang 中的 a 受后鼻韵尾 ng 的影响,a 处于比较后的位置,a 为后低不圆唇元音。

● a 的口腔开度大于单发的 a。

字词练习:

| 昂 | 帮 | 胖 | 忙 | 放 | 当 |
| 唐 | 朗 | 刚 | 唱 | 厂 | 桑 |

长江 帮忙 党章 厂房 沧桑 盎然
昂贵 烫伤 当场 长方 行当 上岗
畅所欲言 长期共存 当务之急
纲举目张 昂首阔步 长生不老
当机立断 康庄大道 膀大腰圆
旁若无人

句段练习：

张康当董事长，詹丹当厂长。
张康帮助詹丹，詹丹帮助张康。

都说长城两边是故乡，
你知道长城有多长？
都说长城内外百花香，
你知道几经风雪霜？

eng

要点提示：

●后鼻音韵母。发音时，e 的舌位比单发时偏前且低，然后舌根后缩与软腭接触，此时软腭下垂，气流从鼻腔流出。

● 实际运用时,为增加声音响度,应增大口腔开度。

字词练习:

崩　风　能　捧　萌　灯
疼　省　冷　耕　增　层
风筝　猛增　更生　逞能　猛烈　增加
生产　乘风　丰收　丰盛　风声　鹏程
成竹在胸　承上启下　瞠目结舌
乘人之危　成人之美　声情并茂
冷若冰霜　风花雪月　耕云播雨
登峰造极　蓬荜生辉

句段练习:

人人听到风声猛,人人都说天很冷。
冬天的冷风真正猛,猛地一阵风更冷。

十字路口指示灯,红黄绿灯分得清,
红灯停,绿灯行,行停停行看分明。

ong

要点提示：

● 后鼻音韵母。发音时，o 的发音与发单韵母 o 不同，它在 u 与 o 之间，口腔开度比 u 的开度稍大，时程较短。然后舌根接触软腭，口腔通路封闭，发出鼻音。

● 要注意它与 ueng 和 eng 的区别。

字词练习：

冬　通　弄　龙　控　虹
中　公　从　松　宠　宗
隆冬　洪钟　共同　交通　隆重
苍龙　笼罩　东西　农民　工作
中国　宗派　匆忙　松柏
公而忘私　洪水猛兽　博古通今
耸人听闻　功德无量　动人心弦
供过于求　弄假成真　烘云托月
戎马生涯　空中楼阁

句段练习:

东洞庭,西洞庭,

洞庭山上一根藤,

藤上挂个大铜铃。

风起藤动铜铃响,

风停藤定铜铃静。

冲冲栽了十畦葱,

松松栽了十棵松。

冲冲说栽松不如栽葱,

松松说栽葱不如栽松。

是栽松不如栽葱,

还是栽葱不如栽松?

毕竟西湖六月中,

风光不与四时同。

接天莲叶无穷碧,

映日荷花别样红。

(《晓出净慈寺送林子方》杨万里)

iang

要点提示：

● 后鼻音韵母,ang 韵与前面轻短的 i (韵头)结合而成。发音时,iang 韵母的发音动程较宽,ang 受到 i 的影响,a 的唇形稍扁。

字词练习：

央　腔　阳　娘　像　江
墙　香　详　响　项　凉
想象　两样　向阳　将相　亮相　湘江
强将　像样　强项　长江　香料
良药苦口　将错就错　两全其美
量力而行　江河日下　枪林弹雨
将计就计　量入为出　两败俱伤
强词夺理　想入非非　将功折罪

句段练习：

手拿七支长枪上城墙，
上了城墙手要七支长枪。

江南好,风景旧曾谙。
日出江花红胜火,
春来江水绿如蓝。
能不忆江南?(《忆江南》白居易)

ing

要点提示:

• 后鼻音韵母。发音时,舌面接近硬腭先发出 i,然后舌头后缩,舌根与软腭接触,口腔关闭,气流从鼻腔流出。

• 实际运用中,注意与 in 的区别。

字词练习:

英　听　京　影　秉　瓶
明　丁　凝　零　幸　青
宁静　倾听　晶莹　明星　英明
兵变　乒乓　叮咛　聆听　青年
星空　京津　明镜

惊涛骇浪　兵荒马乱　鼎鼎大名
顶天立地　并驾齐驱　评头论足

兢兢业业　兵贵神速　冰清玉洁
另眼相看　平分秋色

句段练习：

天上七颗星，树上七只鹰，

梁上七个钉，台上七盏灯。

拿扇扇了灯，用手拔了钉，

举枪打了鹰，乌云盖了星。

吴山青，越山青。两岸青山相送迎，谁知离别情？

君泪盈，妾泪盈。罗带同心结未成，江头潮已平。(《长相思》林逋)

uang

要点提示：

● 后鼻音韵母，ang 韵与前面轻短的 u(韵头)结合而成。uang 韵母的发音动程较宽，受到 u 的影响，a 的唇形较圆。

字词练习：

汪　妆　广　望　矿　装　床
双　慌　网

状况　光芒　狂妄　汪洋　双手　庄重
荒野　双簧　黄光　往返　往年　忘怀
狂风暴雨　旷日持久　亡羊补牢
望尘莫及　光怪陆离　光明正大
广开言路　光天化日　姑妄言之
狂风恶浪

句段练习：

王庄卖筐，匡庄卖网。
王庄卖筐不卖网，
匡庄卖网不卖筐。
你要买筐别去匡庄去王庄，
你要买网别去王庄去匡庄。

长江里船帆帆布黄，
船舱放着一张床，
床上躺着老大娘，

大娘年高怕大浪,
头晕恶心心里慌。
船老大来身旁,
亲亲热热唠家常,
还把姜汤来送上。
平安返回家中去,
大娘告别热泪淌。

ueng

要点提示:

• 后鼻音韵母。发音时,u 音要发得轻短,然后接着发 eng。

• 实际运用时,合口音 u 的圆唇可增加字音的准确度和清晰度。

• 别把 u 音发成唇齿音。

• 在普通话中,ueng 只能出现在零声母音节中,也就是说,它不能与任何辅音声母相拼,只能自成音节。

字词练习：

翁 嗡 瓮 蓊

渔翁 老翁 水瓮 嗡嗡

瓮中捉鳖

句段练习：

小蜜蜂，嗡嗡叫，

吵得老翁心烦躁，

喝口水瓮里的清泉水，

心情变舒畅。

老翁卖酒老翁买，

老翁买酒老翁卖。

iong

要点提示：

• 后鼻音韵母。发音时，i（韵头）由于受到圆唇 o 的影响，唇形由扁趋圆，接近于 ü。

• 与 j、q、x 组成的音节发音开始时就要撮口,否则影响发音的清晰度。

字词练习:

拥　雄　勇　迥　踊　琼

胸　用　兄　窘　匈　熊

汹涌　熊熊　雄壮　炯炯　穷困　兄长

庸医　迥然　踊跃　永久　永远

雍容华贵　庸人自扰　穷则思变

用兵如神　永垂不朽　勇往直前

凶多吉少　汹涌澎湃　雄才大略

句段练习:

英勇荣军,态度雍容,
踊跃参军,永远光荣。

小涌勇敢学游泳,勇敢游泳是英雄。

四、难点韵母对比训练

1. i 和 ü 的分辨

要点提示:

- 这两个音的舌位相同,它们的不同

在于唇形。发 i 音时,嘴角稍向左右咧开,唇形是扁平的,可见到牙齿。发 ü 音时,双唇收拢接近圆形,见不到牙齿。

● 播音中,语速较快时,撮口的 ü 音容易发成扁唇的 i 音,使语义混乱。注意区分口形,勤加练习。

(1)两字词比较

i、ü	意见—遇见	容易—荣誉
	比翼—比喻	季节—拒绝
	经济—京剧	分期—分区
ie、üe	切实—确实	蝎子—靴子
ian、üan	颜色—原色	潜力—权力
in、ün	印书—运输	通信—通讯

(2)两字词连用

i、ü	必须	急剧
ü、i	聚集	躯体
ie、üe	解决	夜学
üe、ie	越界	雪夜

ian、üan	边远	田园
üan、ian	劝勉	卷烟
in、ün	进军	音韵
ün、in	军心	寻衅

(3)句段练习

这天天下雨,
体育局穿绿雨衣的女小吕,
去找穿绿运动衣的女老李。
穿绿雨衣的女小吕
没找到穿绿运动衣的女老李,
穿绿运动衣的女老李
也没见着穿绿雨衣的女小吕。

清早起来雨渐渐,
王七上街去买席,
骑着毛驴跑得急,
捎带卖蛋又贩梨。
一跑跑到小桥西,
毛驴一下失了蹄,

打了蛋,撒了梨,跑了驴,

急得王七眼泪滴,

又哭鸡蛋又骂驴。

2.鼻音韵尾 n 和 ng 的分辨

要点提示:

• 区分这两类韵母的前提是先区分韵尾,它们的不同之处是:发前鼻音 n 时,舌尖顶住上齿龈;发后鼻音 ng 时,舌后部隆起,舌根尽力后缩,顶住软腭。发 n 时口形较闭,发 ng 时口形较开。

• 在实际运用中,不能只有发音趋向而没有真实的发音位置,否则前后鼻音会混淆不清。

(1)两字词的比较

an、ang	开饭—开放	天坛—天堂
ian、iang	新鲜—新乡	小县—小巷
uan、uang	官民—光明	车船—车床
en、eng	长针—长征	真理—争理

in、ing	信服—幸福 辛勤—心情
un、ong	乡村—香葱 飞轮—飞龙
un、iong	勋章—胸章 运煤—用煤

(2)两字词连用

an、ang	班长	盼望
ang、an	长安	抗旱
ian、iang	艳阳	边疆
iang、ian	香烟	抢险
uan、uang	宽广	观光
uang、uan	黄砖	光环
en、eng	真正	神圣
eng、en	诚恳	生根
in、ing	民兵	聘请
ing、in	影印	行进
un、ong	轮空	蚊虫
ong、un	通顺	农村
un、iong	云涌	驯熊

(3)句段练习

同姓不能念成通信,
通信也不能念成同姓。
同姓可以互相通信,
通信可不一定同姓。

陈庄城通郑庄城,郑庄城通陈庄城。
陈庄城和郑庄城,两庄城墙都有门。
陈庄城进郑庄人,陈庄人进郑庄门。
请问陈郑两庄门,
哪个庄进陈庄人,郑庄人进哪个门?

新星伴明月,银光澄清清。
尽是清静境,警铃不要惊。
您请我进来,进来敬母亲。

第四单元 普通话声调训练

一、声调

一个汉字就是一个音节。音节有三种

成分,起头的音是声母,其余的音是韵母,构成整个音节音调高低升降的叫声调。

声调是由声带振动频率决定的。声调的高低升降就是"音高"的高低升降。它可以表现出音节的高低抑扬变化。普通话语音把音高分成"低、半低、中、半高、高"五度。阴平声是高平调,阳平声是中升调,上声是降升调,去声是全降调。

人与人之间嗓音的高低是不一样的,这种高低叫"音域"。男性与女性的"音域"是不同的。同性别人群中,音域的宽窄有差别。声调高低并不是要求人人都发得同样高,要了解相对音高的意义,在个人有限的音域范围内做到音调高低升降的有序变化。

二、普通话的调类和调值

普通话语音里,声调有四个,阴平是第

一声,阳平是第二声,上声是第三声,去声是第四声,统称四声,也就是普通话里的四个调类。可以采用五度标记法,来描写音节的声调。它们的调值分别为:55(阴平)、35(阳平)、214(上声)、51(去声)。

请看图2普通话调值示意图和表1普通话调类调值表。

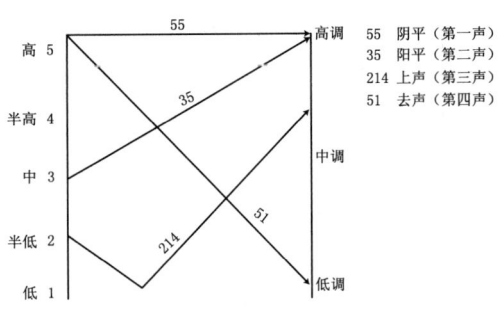

图2　普通话调值示意图

表 1　普通话调类调值表

调类	调值	标记符号	例字
阴平	高平调 55	—	妈 mā
阳平	中升调 35	／	麻 má
上声	降升调 214	∨	马 mǎ
去声	全降调 51	＼	骂 mà

三、声调训练

1.同声韵四声音节练习

本单元既练习声调,也练习声母、韵母的发音。注意四声要准确,出字要有力,咬住字头,拉开字腹,收住字尾;声音连贯,气息控制自如。

双唇音:

bā 巴　　bá 拔　　bǎ 把　　bà 罢

pō 坡　　pó 婆　　pǒ 叵　　pò 破

māo 猫　máo 毛　mǎo 卯　mào 帽

唇齿音:

fāng 方　fáng 房　fǎng 仿　fàng 放

舌尖中音:

dī 低　　dí 敌　　dǐ 底　　dì 弟

tōng 通　tóng 同　tǒng 统　tòng 痛

niū 妞　　niú 牛　　niǔ 扭　　niù 拗

liāo 撩　liáo 聊　liǎo 了　liào 料

舌根音:

gū 姑　　gú △　　gǔ 古　　gù 顾

kē 科　　ké 咳　　kě 可　　kè 刻

hān 酣　hán 含　hǎn 喊　hàn 汉

舌面音:

jū 居　　jú 局　　jǔ 举　　jù 据

qīng 青　qíng 情　qǐng 请　qìng 庆

xiāng 香　xiáng 降　xiǎng 想　xiàng 象

翘舌音:

zhī 知　zhí 职　zhǐ 止　zhì 至

chēng 称　chéng 成　chěng 逞　chèng 秤

shēn 申　　shén 神　　shěn 沈　　shèn 甚

rū △　　　rú 如　　　rǔ 乳　　　rù 入

平舌音：

zuō 作　　zuó 昨　　zuǒ 左　　zuò 做

cāi 猜　　cái 才　　cǎi 采　　cài 菜

suī 虽　　suí 随　　suǐ 髓　　suì 岁

开口音：

bāi 掰　　bái 白　　bǎi 摆　　bài 败

pāo 抛　　páo 刨　　pǎo 跑　　pào 泡

fēi 飞　　féi 肥　　fěi 匪　　fèi 费

lōu 搂　　lóu 楼　　lǒu 篓　　lòu 漏

齐齿音：

jiā 家　　jiá 夹　　jiǎ 甲　　jià 架

qīn 亲　　qín 勤　　qǐn 寝　　qìn 沁

xiē 些　　xié 斜　　xiě 写　　xiè 谢

liān △　　lián 联　　liǎn 脸　　liàn 炼

合口音：

chuāng 窗　　　chuáng 床

chuǎng 闯　　　chuàng 创

wā 蛙　wá 娃　wǎ 瓦　wà 袜

huān 欢　huán 还　huǎn 缓　huàn 幻

guāi 乖　guái △　guǎi 拐　guài 怪

撮口音：

xuē 薛　xué 学　xuě 雪　xuè 穴

yūn 晕　yún 云　yǔn 允　yùn 运

quān 圈　quán 全　quǎn 犬　quàn 劝

2.两字词声调练习

这个练习要结合气息一块儿练，尤其是夸张的上声练习，对于体会气息运动是个好方法。要求阴平平稳，气息平均不紧张；阳平用气弱起逐渐强；上声降时气稳扬时强；去声强起到弱气通畅。

(1)阴阴

参加　西安　播音　工兵　拥军　丰收

香蕉　江山　咖啡　班车　单一　发声

(2) 阴阳

资源　坚决　鲜明　飘扬　新闻　编排
发言　加强　星球　中国　签名　安全

(3) 阴上

批准　发展　班长　听讲　灯塔　生产
艰苦　歌舞　公款　签署　根本　方法

(4) 阴去

庄重　播送　音乐　规范　通信　飞快
单位　希望　欢乐　中外　失事　加快

(5) 阳阴

国歌　联欢　革新　南方　群居　农村
长江　航空　围巾　营私　原封　图书

(6) 阳阳

直达　滑翔　儿童　团结　人民　模型
联合　驰名　临时　吉祥　灵活　豪华

(7) 阳上

华北　黄海　遥远　泉水　勤恳　民主
情感　描写　难免　迷惘　平坦　旋转

(8) 阳去

豪迈　辽阔　模范　林业　盘踞　局势
革命　同志　局势　雄厚　行政　球赛

(9) 上阴

指标　统一　转播　北京　纺织　整装
掌声　法医　演出　广播　讲师　取消

(10) 上阳

指南　普及　反常　谴责　讲完　朗读
考察　里程　起航　软席　领衔　党员

(11) 上上

古典　北海　领导　鼓掌　广场　展览
友好　导演　首长　总理　感想　理想

(12) 上去

改造　舞剧　主要　访问　考试　想象
土地　广大　写作　典范　选派　讲课

(13) 去阴

下乡　矿工　象征　地方　贵宾　列车
卫星　认真　降低　特征　印刷　气温

(14)去阳

自然　化学　措辞　特别　电台　会谈
政权　配合　未来　要闻　调查　辨别

(15)去上

耐久　剧本　跳伞　下雨　运转　外语
办法　信仰　戏曲　电影　历史　探险

(16)去去

日月　大厦　破例　庆贺　宴会　画像
示范　大会　快报　致意　建造　地震

3.四字词声调练习

通过这个练习,可以锻炼灵活运用四声正音的技巧。读的时候,气息要控制好,放开声音一口气很通畅地发出来。

(1)按四声顺序排列

中国伟大　山河美丽　天然宝藏　资源满地
阶级友爱　中流砥柱　工农子弟　千锤百炼
身强体健　精神百倍　心明眼亮　光明磊落
山明水秀　花红柳绿　开渠引灌　风调雨顺

阴阳上去　非常好记　高扬转降　区别起落

(2) 按声母顺序排列

b

百炼成钢　波澜壮阔　暴风骤雨　壁垒森严

p

排山倒海　喷薄欲出　鹏程万里　普天同庆

m

满园春色　名不虚传　满腔热情　目不转睛

f

发愤图强　翻江倒海　丰功伟绩　赴汤蹈火

d

大快人心　当机立断　颠扑不破　斗志昂扬

t

谈笑风生　滔滔不绝　天衣无缝　推陈出新

n

鸟语花香　逆水行舟　能者多劳　宁死不屈

l

老当益壮　雷厉风行　力挽狂澜　龙飞凤舞

g
盖世无双　高瞻远瞩　攻无不克　光彩夺目
k
开卷有益　慷慨激昂　克敌制胜　快马加鞭
h
豪言壮语　和风细雨　横扫千军　呼风唤雨
j
艰苦奋斗　锦绣河山　继往开来　举世无双
q
千军万马　气壮山河　晴天霹雳　群威群胆
x
喜笑颜开　响彻云霄　心潮澎湃　栩栩如生
zh
辗转反侧　朝气蓬勃　咫尺天涯　专心致志
ch
超群绝伦　称心如意　赤子之心　出奇制胜
sh
山水相连　舍生忘死　深情厚谊　生龙活虎

r

饶有风趣　人才辈出　日新月异　如火如荼

z

赞不绝口　责无旁贷　再接再厉　自知之明

c

沧海一粟　层出不穷　灿烂光明　从容就义

s

三思而行　所向披靡　四海为家　肃然起敬

(3) 夸张四声

训练时结合用气,体会气息的运动状态。发夸张的上声时,气息下沉较为明显。阴平练习时,注意平稳;阳平上升时,气要拉住,口腔要立起,力度要加强,避免高音窄、挤;去声下降时,气要托住,口腔要有控制,避免衰弱。

① 四声气息控制练习。

bā 巴　　bá 拔　　bǎ 把　　bà 罢

dī 低　　dá 答　　dǐ 底　　dà 大

这个练习反复做几次,可用快吸气来练,也可用慢吸气来练,字音要清楚准确,也可逐渐改变声音的高低、强弱、快慢并调节好气息。

②夸大的上声练习。

ǎ ǐ ǎi ǎo ǔ

好(hǎo) 美(měi) 满(mǎn) 想(xiǎng)
仰(yǎng)场(chǎng)请(qǐng) 跑(pǎo)
百(bǎi)炼(liàn)成(chéng)钢(gāng)
花(huā)红(hóng)柳(liǔ)绿(lǜ)

③古诗练习。

静夜思

〔唐〕李白

床前明月光,疑是地上霜。

举头望明月,低头思故乡。

秋浦歌

〔唐〕李白

白发三千丈,缘愁似个长。

不知明镜里,何处得秋霜。

鸟鸣涧

〔唐〕王维

人闲桂花落,夜静春山空。

月出惊山鸟,时鸣春涧中。

十一月四日风雨大作

〔宋〕陆游

僵卧孤村不自哀,尚思为国戍轮台。

夜阑卧听风吹雨,铁马冰河入梦来。

竹石

〔清〕郑燮

咬定青山不放松,立根原在破岩中。

千磨万击还坚劲,任尔东西南北风。

练习时,注意用气,四声正确,声音连贯。

④四音节词组变换练习。

训练时,注意不要字字停顿,应该有强弱、虚实的表现。

阴阳上去:

千锤百炼　山明水秀　英明果断　山盟海誓

高原广阔　风调雨顺　花红柳绿　光明磊落

去上阳阴:

逆水行舟　过眼云烟　智勇无双　大好河山
信以为真　万古流芳　厚古薄今　妙手回春

四声变位:

光辉灿烂　旧地重游　气贯长虹　方兴未艾
荣华富贵　心花怒放　远走高飞　牢不可破
丰衣足食　欢欣鼓舞　来日方长　包罗万象
遥相呼应　扬长而去　老当益壮　刀山火海

4.声调综合练习

声调的综合运用要做到:咬住字头,出字有力,拉开字腹,收住字尾,字神(指声调)准确。用气均匀连贯,用声刚柔相济。注意声传情、情带声、情运气、气生情。最后达到情、声、气完美结合,协调一致。

（1）阴平声练习

阴平声一开始是 5 度,然后维持不变,保持一条横线。如果是两个阴平声连在一起,念时稍把前一个降一点,后边的不变,保持5度。

白云飞 (bái yún fēi)

白云飞(bái yún fēi),白云飘(bái yún piāo)。飘上黄(piāo shàng huáng)山九重霄(shān jiǔ chóng xiāo),山越高来景越美(shān yuè gāo lái jǐng yuè měi),最高峰上谁在笑(zuì gāo fēng shàng shéi zài xiào)。

啊(à)!黄山的云啊(huáng shān de yún a)!你那样洁白(nǐ nà yàng jié bái),那样崇高(nà yàng chóng gāo)。

白云飞(bái yún fēi),白云飘(bái yún piāo),飘上悬崖松树梢(piāo shàng xuán yá sōng shù shāo),崖越陡来松越俏(yá yuè dǒu lái sōng yuè qiào),最陡的崖上谁在笑(zuì dǒu de yá shàng shéi zài xiào)。

啊(à)!黄山的云啊(huáng shān de yún a)!你那样(nǐ nà yàng)

(2)阳平声练习

阳平声开始在3度,向上滑动至5度。如果两个阳平声相连,要注意前边一个不能弯曲。

登 鹳 雀 楼
dēng guàn què lóu

〔唐〕王 之 涣
táng wáng zhī huàn

白日依山尽,黄河入海流。
bái rì yī shān jìn, huáng hé rù hǎi liú

欲穷千里目,更 上一层楼。
yù qióng qiān lǐ mù, gèng shàng yì céng lóu

捞出一个丰 收 年
lāo chū yí gè fēng shōu nián

民 歌
mín gē

桃花流水三月天,
táo huā liú shuǐ sān yuè tiān

满河渔歌声 声 甜。
mǎn hé yú gē shēng shēng tián

yíng fēng sǎ xià jīn sī wǎng
迎风撒下金丝网,

lāo chū yí gè fēng shōu nián
捞出一个丰收年。

(3)上声练习

上声开始是2度,向下滑动到1度,接着从1度折转滑向4度。上声是个降升调。念时注意首先要下到底,然后折转直升到4度。如果两个上声相接,按上声变调处理。

chūn xiǎo
春 晓

táng mèng hào rán
〔唐〕孟浩然

chūn mián bù jué xiǎo chù chù wén tí niǎo
春眠不觉晓,处处闻啼鸟。

yè lái fēng yǔ shēng huā luò zhī duō shǎo
夜来风雨声,花落知多少。

fēng shōu
丰 收

mín gē
民 歌

jīn chán cāo qín hú dié wǔ
金 蝉 操 琴 蝴 蝶 舞，

qīng wā guō guo qiāo luó gǔ
青 蛙 蝈 蝈 敲 锣 鼓。

nóng cūn bā yuè duō huān lè
农 村 八 月 多 欢 乐，

mǎn cháng mǎn yuàn duī wǔ gǔ
满 场 满 院 堆 五 谷。

(4) 去声练习

去声一开始5度，然后下滑降到最低1度。普通话里叫全降调。如果两个去声相连，前边一个去声可以不降到1度，但后边一个必须到1度。

xún xù jiàn jìn　xún xù jiàn jìn　zài xún xù
循 序 渐 进，循 序 渐 进，再 循 序

jiàn jìn　　nǐ men cóng yì kāi shǐ gōng zuò qǐ
渐 进。你 们 从 一 开 始 工 作 起，

就要在积累知识方面养成严格的循序渐进的习惯。

5.绕口令

四声歌

学好声韵辨四声,

阴阳上去要分明。

部位方法要找准,

开齐合撮属口形。

双唇班报必百波,

舌面积结教坚精。

翘舌主争真知照,

平舌资则早在增。

cā yīn fā fān fēi fēn fù
擦音发翻飞分复,

sòng qì chá chái chǎn chè chēng
送气查柴产彻称。

hé kǒu hū wǔ kū hú gǔ
合口呼午枯胡古,

kāi kǒu gāo pō gē ān kāng
开口高坡歌安康。

cuō kǒu xū xué xún xú jù
撮口虚学寻徐剧,

qí chǐ yī yōu yáo yè yīng
齐齿衣优摇业英。

qián bí ēn yīn yān wān wěn
前鼻恩因烟弯稳,

hòu bí áng yíng zhōng yōng shēng
后鼻昂迎中拥生。

yǎo jǐn zì tóu guī zì wěi
咬紧字头归字尾,

yīn yáng shǎng qù jì biàn shēng
阴阳上去记变声。

xún xù jiàn jìn jiān chí liàn
循序渐进坚持练,

bù nán dá dào chún hé qīng
不难达到纯和清。

梨(lí)、栗(lì)

lǎo luó lā le yì chē lí
老罗拉了一车梨,

lǎo lǐ lā le yì chē lì
老李拉了一车栗。

lǎo luó rén chēng dà lì luó
老罗人称大力罗,

lǎo lǐ rén chēng lǐ dà lì
老李人称李大力。

lǎo luó lā lí zuò lí jiǔ
老罗拉梨做梨酒,

lǎo lǐ lā lì qù huàn lí
老李拉栗去换梨。

第五单元 语流音变训练

在连续说话的语流中,音节和音节互相影响,读音有些变化,这就是语流音变。

一、轻声

每个音节都有它的声调,可在句子或

词里,有的音节失去它原来的调,变成较轻较短的调子,就是轻声。一般是重读音节字音长,轻声音节字音短。轻声在不同音节中,音高也不一样,一般要根据前面一个音节的声调来定。

1. 轻声的读法

一是,阴平后面的轻声读半低调2度。

如:风筝　姑姑　功夫　结实　先生
　　衣服　抽屉　玻璃　包子　舒服

二是,阳平后面的轻声读中调3度。

如:锤子　核桃　苗头　枇杷　琢磨
　　头发　俗气　行李　含糊　能耐

三是,上声后面的轻声读半高调4度。

如:本子　老实　姥姥　姐姐　养活
　　讲究　饺子　早晨　喜欢　本事

四是,去声后面的轻声读低调1度。

如:月亮　胖子　大夫　告诉　弟弟
　　壮实　谢谢　笑话　钥匙　费用

2.什么音节读轻声

一是,语气词"吧、吗、呢、啊"等读轻声。

如:去吧! 走吗? 怎么呢? 说啊!

二是,助词"的、地、得、着、了"等读轻声。

如:我的 慢慢地 好得很 拿着 走了

三是,构词后缀"子、儿、头、们"等读轻声。

如:桌子 女儿 后头 我们

四是,方位词读轻声。

如:家里 桌上 地下

五是,趋向动词读轻声。

如:回来 出去 跑出来 走进去

六是,重叠动词末一个音节读轻声。

如:看看 说说 写写

七是，作宾语的人称代词读轻声。

如：请你　叫他

八是，叠字名词和重叠名词不一样，叠字名词第二个音节读轻声。

如：爸爸　姐姐　妈妈

重叠名词一定不能读轻声。

如：家家户户

在播音中，轻声不宜多，只有关系到意义准确和语气自然的情况下，不得不读轻声时，才读轻声。在读的时候也要比生活语言清晰。

还有一个问题需要注意：轻声音节读得较短（大约是正常音节的 1/2—2/3）较轻，对声母和韵母会产生影响。清声母有可能变成浊声母，如"好的"中的 de，声母 d 由清变浊（即声带出现颤动），主要元音 e 的舌位也会趋于央化。

3.综合训练

(1)绕口令

天上日头

天上日头,嘴里舌头,地上石头,桌上纸头儿,手掌指头,树上枝头。

(2)句段练习

朔方的雪花在纷飞之后,却永远如粉,如沙,他们决不粘连,撒在屋上,地上,枯草上,就是这样。屋上的雪是早已就有消化了的,因为屋里居人的火的温热。

我一辈子只看过这么一大回热闹:男女老幼喊着叫着,狂跑着,拥挤着,争吵着,砸门的砸门,喊叫的喊叫,咔嚓!门板倒下去,一窝蜂似的跑进去……全红着眼,全拼着命,全奋勇前进,挤成一团,倒成一片,散走全街。

其实那个唱话匣子的看见我跑进家

去,当然就会在门口等着,不得到结果,他是不会走掉的。讲价钱的时候,门口围上一群街坊的小孩和老妈子。讲好价钱进来,围着的人就会挨挨蹭蹭地跟进来,北京话叫作"听蹭儿"。我有时候大大方方地全让他们进来;有时讨厌哪一个便推他出去,把大门砰地一关,好不威风!

二、儿化韵

儿化韵不是在音节之后加一个单独的 er 音节,而是在音节末尾的元音上附加个卷舌动作,使韵母带上卷舌音"儿"的音色。

1.儿化韵的变化规律

一是,韵母最后音素是 a、o、e、u 的,儿化后只在原韵母后加卷舌动作。

上哪儿—nǎr　　腊八儿—bār

山坡儿—pōr　　花朵儿—duǒr

唱歌儿—gēr　　风车儿—chēr

眼珠儿—zhūr　　火炉儿—lúr

二是,韵尾是 i 的,儿化时,去掉韵尾,加卷舌动作。

小孩儿　　háir—hár

冒牌儿　　páir—pár

宝贝儿　　bèir—bèr

三是,韵尾是 n、ng 的,儿化时,n、ng 前面主要元音变成鼻化元音,同时加卷舌动作。

被单儿　　dānr—dãr

手绢儿　　juànr—juãr

帮忙儿　　mángr—mãr

吊嗓儿　　sǎngr—sãr

板凳儿　　dèngr—dẽr

胡同儿　　tòngr—tõr

四是,主要元音是 i、ü 的,要在原韵母后加 er。

小姨儿　　yír—yiér

打旗儿　　　qír—qiér

金鱼儿　　　yúr—yüér

马驹儿　　　jūr—juēr

五是,主要元音是-i(前)和-i(后)的,去掉主要元音,在声母后直接加上 er。

墨汁儿　　　zhīr—zhēr

吃儿　　　　chīr—chēr

小事儿　　　shìr—shèr

字儿　　　　zìr—zèr

带刺儿　　　cìr—cèr

拔丝儿　　　sīr—sēr

儿化韵有修饰语言色彩的作用,使语音更加口语化,但在播读新闻稿件时尽量不用儿化音。南方方言区学习者要注意,舌头不要过卷,应尽量保持原韵母的音色。

2.综合练习

(1)绕口令

　　进了门儿,倒杯水儿,

喝了两口运运气儿。
顺手儿拿起小唱本儿,
唱一曲儿又一曲儿,
练完嗓子我练嘴皮儿。
绕口令儿,练字音儿,
还有单弦儿牌子曲儿,
小快板儿大鼓词儿,
越说越唱我越带劲儿。

(2)句段练习

桃花儿开了,小鸟儿在树枝儿上唱歌儿,小鱼儿在水面儿上吐泡儿。

沙滩上大大小小、五颜六色的贝壳儿,更是迷人。大个儿的,就像是个小花扇儿,小的就像小纽扣儿那么一丁点儿,可是那贝壳上的一道儿道儿的花纹儿,却是那样地清晰。

院子里铺着芝麻秸儿,小丫头儿不许出屋,小小子儿虽然允许走动,却不能在外边大小便,免得冲撞了神明。

三、"一、七、八、不"的变调

"一、七、八、不"这四个字单用读本声,但在语流中,因语言环境的不同,它们的声调会发生变化。

播音中,"一、不"按规律变,"七、八"则少变或不变。

1.**变化规律**

一是,后字为去声时,读阳平。播音中"七、八"不变,口语中"七、八"可以变。

一:一部(yí bù)　一定(yí dìng)
　　一个人(yí gè rén)

七:七个(qí gè)　七寸(qí cùn)

八:八个(bá gè)　八份(bá fèn)

不:不会(bú huì)　不去(bú qù)
　　不为名(bú wèi míng)
　　不为利(bú wèi lì)

不怕苦(bú pà kǔ)

不怕死(bú pà sǐ)

二是,"一、不"在非去声前读去声。

一:一年(yì nián)　　一本(yì běn)
　　一般化(yì bān huà)

不:不同意(bù tóng yì) 不好(bù hǎo)
　　不多(bù duō)　　不高(bù gāo)

三是,夹中间念轻声。

一:看一看　想一想　说一说　笑一笑

不:好不好　行不行　来不来　了不起

四是,单念或处于句尾读原调。

一:友谊第一　统一　全国第一　五一

不:不,我不

以上括号中标注的是变调后的声调。

2.综合训练

(1)绕口令

一个老僧一本经

一个老僧一本经,一句一行念得清。

不是老僧爱念经,不会念经当不了僧。

一帆一桨一叶舟

一帆一桨一叶舟,一个渔翁一钓钩。
一俯一仰一场笑,一江明月一江秋。

(2) 句段练习

北京医院到日本考察的人员,不讲排场,不摆阔气,不乱花一分钱。所花费用不到国家规定的一半。

大年初几不动刀,大家歇工,所以年菜事实上即是大锅菜。大锅的炖肉,加上粉丝是一味,加上蘑菇又是一味;大锅的炖鸡,加上冬笋是一味,加上番薯又是一味,都放在特大号的锅、罐子、盆子里,此后随取随吃。

四、变调

两个音节连读,其中有个音节的调值变得和原来的调值不同了,这就是变调。

1.阴平、阳平、去声的变调

阴平、阳平、去声音节,当后面不是轻声音节时,前面一个变得稍低一点儿,短一点儿。

比如:"天天、科学、军队"等前面音节由 55 变 44(阴平在阴、阳、去声前面)。

"南京、红旗、同志"等前面音节由 35 变 34(阳平在阴、阳、去声前面)。

"斗争、大门、话剧"等前面音节由 51 变 42(去声在阴、阳、去声前面)。

2.上声变调

一是,上声在阴平、阳平、去声前,上声 214 变半上 211。

上阴	老师	许多	指标	打击
上阳	领航	主持	解决	启程
上去	体育	写作	访问	法律

二是,上声和上声相连,前面一个变直上 24,听起来像阳平,但并非阳平。

友好　领导　首长　理想　领土

表演　婉转　抚养　改写

三是,三个以上的上声连读,根据词语的意义自然分节后再按照上述的变调类型处理。

- 若词语结构是"双单格"时,前面两个变直上 24。

水彩笔 214 214 214—24 24 214

展览馆 214 214 214—24 24 214

手写体 214 214 214—24 24 214

- 若词语结构是"单双格"时,前面第一个上声变半上,第二个上声变直上。

老领导 214 214 214—211 24 214

好产品 214 214 214—211 24 214

纸老虎 214 214 214—211 24 214

- 若三个上声音节相连是并列结构,不分轻重主次,前面两个音节变为直上 24。

甲乙丙 214 214 214—24 24 214

水火土 214 214 214—24 24 214

稳准狠 214 214 214—24 24 214

● 多个上声相连的练习。

我想给你买把小雨伞。

请你往北找柳组长。

请赶紧给我找点草稿纸。

3.重叠形容词的变调

重叠形容词的第二个音节,在口语中变阴平,播音中尽量少变或不变。

满满的 mǎn mǎn de—mǎn mān de

快快地 kuài kuài de—kuài kuāi de

好好地 hǎo hǎo de—hǎo hāo de

圆圆的 yuán yuán de—yuán yuān de

胖胖的 pàng pàng de—pàng pāng de

活活地 huó huó de—huó huō de

短短的 duǎn duǎn de—duǎn duān de

五、语气词"啊"的变化

"啊"单独使用或在句子开头和末尾,不和其他元音连读时,一般发"a"音。当受到前一个音节韵尾影响时,就会发生音变现象。在播音中正确使用"啊"的变化可以使语气自然、大方,语气色彩丰富。

1.变化规律

一是,一句话开头念"a",单独使用也读"a"。

啊(ā 阴平调,叮嘱的语气),好好干!

啊(á 阳平调),你怎么说出这样的话?

啊(ǎ 上声调),有这种事?

啊(à 去声调),我明白了。

啊(à 去声调)！祖国,我的母亲。

二是,"啊"前面音节的韵母或韵母的尾音是 a、uo、o、e、ê、i、ü 时,一般发"ya"音。

他啊！　　　　　　　　　tā—ya

你快说啊！　　　　　　　shuō—ya

必须先把敌人的碉堡攻破啊！

　　　　　　　　　　　　pò—ya

你说什么啊！　　　　　　me—ya

你写啊！　　　　　　　　xiě—ya

提高警惕啊！　　　　　　tì—ya

快回去啊！　　　　　　　qu—ya

三是，"啊"前面的韵母或韵母的尾音是"n"时，一般发"na"。

军民是一家人啊！　　　　rén—na

你要小心啊！　　　　　　xīn—na

四是，"啊"前面音节的韵母的尾音是"ng"时，一般发"nga"。

这个人是英雄啊！　　　　xióng—nga

大家一起唱啊！　　　　　chàng—nga

五是，"啊"前面音节的韵母或韵母的尾音是 ao、u 时，一般发"wa"。

我们的生活多么美好啊！ hǎo—wa

全托您老人家的福啊！ fú—wa

谁在打鼓啊！ gǔ—wa

六是，"啊"前面音节的韵母是-i(后)、er时，一般发"ra"。

你有什么事啊！ shì—ra

你倒是吃啊！ chī—ra

七是，"啊"前面的韵母是-i(前)时，一般发[zA]。

你去过北京几次啊！ cì—[zA]

这是谁写的字啊！ zì—[zA]

2.综合练习

幼儿园这些孩子啊！ （zi—[zA]）

会跳会唱真可爱啊！ （ài—ya）

大家都来看啊！ （kàn—na）

他们玩得多高兴啊！ （xìng—nga）

有的孩子在朗读诗啊！（shī—ra）

有的孩子在画画啊！ （huà—ya）

这些孩子们又是唱啊！　（chàng—nga）
又是跑又是跳啊！　　（tiào—wa）
啊(à)！他们是多么幸福啊！
　　　　　　　　　　（fú—wa）

鸡啊鸭啊，猫啊狗啊，一块水里游啊！
牛啊，羊啊，马啊，骡啊，一块儿进鸡窝啊！
狼啊，虫啊，虎啊，豹啊，一块街上跑啊！

六、词的轻重格式

由于词义、感情的需要，一个词中各个音节有轻重强弱的差别，这叫词的轻重格式。可分为重、中、轻三种。短而弱的被称为轻，长而强的被称为重，介于中间的被称为中。词的轻重格式是汉语音乐性的一种表现，不仅有区别词义词性的作用，还有准确表达感情和语句目的的作用。

1.单音节词

没轻重格式的问题，严格按它的字调

去读。

2.双音节词

(1)中重格式

这类词多,读时第二个音节比第一个重些、长些。

人民　大会　广播　刻苦
满意　革命　动员　年轻

(2)重中格式

这类词不太多,读时第一个音节比第二个重一些、长一些。如:斗争,"争"字有人读成轻声,如果把"争"字读成轻声,就减轻了这词的分量。

柔和　突然　责任　嗅觉
作家　温度　视觉　经验

(3)重轻格式

第二个音节又短又弱,也就是轻声。

弟弟　去吧　厚道　稀罕
清楚　舒服　玻璃　任务

3.三音节词

(1)中中重格式

共产党　东方红　国务院
研究所　松花江　招待会

有些北京人习惯于读成中轻重,在播音中轻读容易吃字,语义不够明显。

(2)中重轻格式

打拍子　小姑娘　做买卖　糖葫芦
胡萝卜　明摆着　过日子　好意思

(3)中轻重格式

犯不着　差不多　喇叭花　俏皮话

4.四音节词

(1)中重中重格式

儿童广播　友谊第一　安居乐业　并驾齐驱
标点符号　百炼成钢　昂首阔步　丰衣足食

(2)中轻中重格式

稀里马虎　稀里哗啦　稀稀拉拉　大大咧咧

(3)重中中重格式

义不容辞 惨不忍睹 诸如此类 一扫而空
美不胜收 相形之下 敬而远之 心如刀割

词的轻重格式多数是固定的,也受语句目的的制约,在语流中也会出现打破原有轻重格式的现象,这是正常的。

七、综合训练

要求:字音规范,内容连贯。

běi jīng dà jué sì yù lán jié zuó tiān kāi
北 京 大 觉 寺 玉 兰 节 昨 天 开
mù wèi yú dà jué sì sì yí táng yuàn nèi de
幕。位于大觉寺四宜堂院内的
bái yù lán shù shù líng yǐ yǒu sān bǎi duō nián
白玉兰树,树龄已有三百多年,
shì jīng chéng xiàn cún zuì wéi gǔ lǎo de yì zhū
是京城现存最为古老的一株
gǔ yù lán shù bù shǎo yóu rén tè bié qián wǎng
古玉兰树,不少游人特别前往
guān shǎng zài zhè cì yù lán jié qī jiān dà
观 赏。在这次玉兰节期间,大
jué sì hái jīng xīn zhǔn bèi le chán chá yǔ sì
觉寺还精心准备了"禅茶与寺

庙"展览以及品茶活动等。

在美国拥有百万销量的权威旅游杂志《旅游与休闲》,近日评选出了今年"世界最佳旅游岛"排行榜。印度尼西亚的巴厘岛,以其动人的天然魅力,连续第六年荣登榜首。此外,加拉伯戈斯群岛、温哥华岛、普吉岛、夏威夷岛和大堡礁岛等,也分别入选前十。

中国画在世界上是独一

无二的。这不仅因其历史深厚久远,大师巨匠其众如林,传世名作浩如烟海,更重要的是它异常独特,且具鲜明的民族个性。中华民族独有的宇宙观、哲学观、艺术观、审美观,顽强地表现其间;把其他任何民族的绘画与其放在一起,都迥然不同,立时可见;中国画独放异彩。

家乡的端午,很多风俗和

外地一样。系百索子——五色的丝线拧成小绳,系在手腕上。丝线是掉色的,洗脸时沾了水,手腕上就印得红一道绿一道的。做香角子——丝线缠成小粽子,里头装了香面,一个一个穿起来,挂在帐钩上。贴五毒——红纸剪成五毒,贴在门坎上。

第二编　发声

第一单元　科学练声

一、练声的目的

　　发声和普通话语音的练习,可以让我们掌握正确的发音部位和自如的发声方法;调节好共鸣,逐步扩大音域,增强发声器官的适应能力,使其满足艺术语言的需要;建立正确的发声习惯,提高声音素质,为演播好各种类型的作品打下扎实的声音基础。练声是对用声习惯的改进与完善,在生活口语的用声状态基础上提高和完善发声能力,改变不良的发声习惯。

二、练声的原则

播音主持发声训练应精神振奋、情绪饱满,这是取得良好效果的前提之一。发声前要做好心理调适,避免过于紧张或松懈。精神过于紧张,发音器官会处于一种僵硬的状态;精神过于松懈,发音器官的积极性调动不起来。

播音主持发声训练要有规律地进行,不要急于求成。支配各种器官的肌肉需要经过大脑神经的不断调节,才能达到理想的效果。

播音主持发声训练最好在屋外进行,这样可以听到自己真实的声音,每天至少20分钟。

从中声区开始,音量要适中,逐渐向高音、低音拓展。

发声练习要循序渐进。开始时应慢、

轻、柔,这样有利于保护声带,也可避免发声上的错误。

三、练声的内容

练声程序应是先练气后发声,先弱声后强声;练声强度是渐进的,第一步解决气的问题,第二步解决声的问题,第三步解决吐字问题,第四步解决声音色彩问题。从具体的训练过程来看,按照先分解、后综合的程序进行。

一是,口部操,锻炼唇、齿、舌、腭各部分的力度以及彼此的配合。有针对性地对唇、舌进行单项训练。

二是,单元音 a、o、e、i 的延长发音,体会小腹的感觉,练习气息。

三是,吐字练习,训练对字头、字腹、字尾的把握。

四是,绕口令练习,训练唇舌的配合以

及灵活度,练习吐字归音、气息、口腔控制等多种技能。

五是,篇章练习,既可锻炼声音的可塑性,又可继续解决发声、吐字中所存在的问题,注意整体把握,做到感情与声音、吐字、气息的结合。

四、练声的时间

练声最好在早上,早晨系统进行了发声、气息、吐字等各层次的训练后,可以用良好的用声状态引领全天的发声,强化正确的发声状态。在练声过程中,要锻炼自己对声音的听辨能力。除了注意透彻领悟发声理论,还要注意辨别发声状态的正确与否。

在练声初期,单纯技能练习有了一定的基础之后,可以对句子、短诗、古典诗词等多加练习,既可锻炼声音的可塑性,又可继续解决发声、吐字中存在的问题。经过一段时间的练习后,声音的问题基本解决了,就可选择豪放、舒展、严肃、庄重、热情、明快、愤怒、抑郁等具有不同感情色彩的段子,来锻炼声音的适应性、可塑性。在做这样的综合练习时,除了注意基本技能的要求外,还应借助于丰富的内容,用形象思维来丰富自己的内在情感。

第二单元　呼吸控制训练

一、胸腹联合呼吸法

胸腹联合呼吸法:吸气后两肋扩大,横膈膜下降,小腹微收。这种方法是胸腔、横膈肌、腹肌联合控制气息。这种呼吸活动范围大、伸缩性强。它为气息均衡、平稳地呼出提供了条件。

气息控制和运用要根据内容及情感表

达的需要,做到"吸气一大片,呼气一条线;气断情不断,声断意不断",把气息的运用作为情感表达的手段。

1.慢吸慢呼

一是,吸气深,呼气通畅练习:立定站稳或一只脚稍向前,双目平视前方,头正,双肩放松,用鼻子吸上一口新鲜空气。这时你似乎闻到了花的芳香,你会觉得肺的下部及腰部都充满了气息,感觉气入丹田,保持几秒钟,然后再轻缓地呼出,随着呼出的气可发 xiǎo lán,一声声渐渐远去。

二是,吸气深,呼气均匀练习:比如发"a"的延长音。用慢吸慢呼的动作,发单元音"a"的延长音。用自己最舒服的声音,声音由小到大,由低到高,由近到远,由弱到强。气息要通畅自如,下颌、舌根不紧张,喉部放松,让气流集中地打到硬腭前部发出。

三是,吸气深,呼气灵活练习:比如数数练习。慢吸后,气吸八成满,呼气时数1、2、3、4、5……数的速度要慢,吐字要清楚,嘴上用力,不紧张,不憋气;发一个音马上闭住声门,不要跑气和换气;发声时,喉部放松,气息通畅,直至一口气用完,能数多少就数多少,逐渐增加。

四是,(气息均匀)用一口气连续发六个单韵母 a——o——e——i——u——ü——,努力保持音调和音强的恒定不变。

2.快吸慢呼

一是,吸气深,呼气通畅练习:当看到一封使你意想不到的信时,你会快而短促地深吸一口气,并保持着气息。你喊了一声"啊"以后,还保持着吸气的状态,这样快速地吸气,正是播音中经常要用的快吸慢呼。

这个练习要经常做,尽量延长呼气

时间。

巴 bā　拔 bá　把 bǎ　罢 bà

低 dī　答 dá　底 dǐ　大 dà

这个练习可反复多次,可用快吸来练,也可用慢吸来练,字音要清楚准确,也可改变声音的高低、强弱、快慢,并调节好气息。

二是,气沉丹田练习:比如夸大上声练习。

ǎ　ǐ　ǎi　ǎo　ǔ

好(hǎo)　美(měi)　满(mǎn)　想(xiǎng)
仰(yǎng)　场(chǎng)　请(qǐng)　跑(pǎo)

请你往北走找柳组长取演讲稿。(一口气读出并做夸大上声练习)

3.换气练习

通过以下练习体会和感受换气和补气。

(1)绕口令

出东门,过大桥,大桥底下一树枣,拿

着竿子去打枣儿,青的多,红的少,一个枣儿、两个枣儿、三个枣儿……十个枣儿、九个枣儿、八个枣儿……上面是一则绕口令,一口气说完才算好。

广场上,飘红旗,看你能数多少面旗,一面旗、二面旗、三面旗、四面旗、五面旗、六面旗、七面旗、八面旗、九面旗、十面旗……

(2)《三字经》片段

人之初,性本善。性相近,习相远。
苟不教,性乃迁。教之道,贵以专。
昔孟母,择邻处。子不学,断机杼。
窦燕山,有义方。教五子,名俱扬。
养不教,父之过。教不严,师之惰。
子不学,非所宜。幼不学,老何为。
玉不琢,不成器。人不学,不知义。
为人子,方少时。亲师友,习礼仪。
香九龄,能温席。孝于亲,所当执。

融四岁,能让梨。悌于长,宜先知。

(3)播报名单

全国两会政协委员名单——科学技术界

干勇、万钢、万宝年、万建民、万晓援、马力(回族)、王琛、王晶(女)、王小康、王元青、王向朝、王寿君、王志良、王抒祥、王明弹、王炳华、王涌天、尹卓、尹镇龙、邓伟、甘晓华、石碧、龙长兴、卢灿华、叶友达、田静、邢新会、吉永华、曲伟、朱星、朱共山、刘永、刘建、刘昌俊、许强、孙聪、孙家栋、孙朝晖、苏国萃、李莉(女)、李鸿(女)、李子颖、李朋德、李晓明、李维斗、李景虹(蒙古族)、杨伟、杨元喜、杨玉芳(女)、杨忠岐、连建宇、吴一戎、吴光辉、何力、辛颖梅(女,回族)、汪鹏飞、宋欣、张宁、张新民、张德兴、陆桂华、陈小娅(女)、陈成秀、陈江宁、陈凯先、陈祥宝、武向平、林海燕、罗琦、周玉梅(女)、周成虎、周建平、郑兰荪、赵松(女,满族)、郝国强、荣建勋、柳崇禧、种明(女)、侯一筠、饶子和、姜杰(女)、姚一萍(女)、姚檀栋、贺禹、秦升益、袁希钢、贾德昌、钱天林、徐涛、徐卫喜、徐金记、徐晓兰(女)、高吉喜、高鸿钧、郭华东、唐长红、黄力、黄强、黄伟光、黄雪鹰(女,蒙古族)

(4)新闻句段(长句子换气练习)

因为工作忙而忘记缴纳罚款的司机们要注意下面这个消息了,从4月1日起,北京的司机在接到罚单后超过3个月不缴纳罚款或者连续两次逾期不缴纳罚款的,将不会再被扣12分。

国家税务总局发布通知,由于3月31日为周六,年所得12万元以上的个人纳税申报截止时间顺延至4月2日的24点。对于超过自行申报期限还未申报的,税务机关可对纳税人处以2000元以下的罚款,情节严重的,可处以2000元以上10000元以下的罚款。

外国科学家日前初步完成了黑猩猩基因组序列草图与人类基因组序列的比较工作。分析显示,黑猩猩与人类在基因上的相似程度达到96%以上。这一成果发表在今天出版的《自然》杂志上。

国庆中秋双节将至,全国各地花团锦簇,张灯结彩,喜迎佳节。在北京天安门广场,金水河喷泉犹如绽放的焰火,营造了浓浓的节日氛围。寓意全国各族人民紧密团结的"祝福祖国"巨型花篮从空中看更显娇艳多姿。在长安街沿线,十处造型多样的花坛景观吸引了不少市民驻足观赏、拍照留影。这些花坛景观由200多个花卉品种精心搭配,组成"全面小康""安居乐业"等不同主题,集中展示了祖国发展的历史成就。

二、弱控制训练

一是,吸气深,呼气匀练习:缓慢持续地发出 ai、uai、uang、iang 四个音。

二是,夸大声调,延长发音,控制气息的训练。

花红柳绿:huā hóng liǔ lǜ
谈笑风生:tán xiào fēng shēng
鸟语花香:niǎo yǔ huā xiāng

三是,控制气息,扩展音域的训练。

苏幕遮

〔宋〕范仲淹

碧云天,黄叶地。秋色连波,波上寒烟翠。山映斜阳天接水。芳草无情,更在斜阳外。

黯乡魂,追旅思。夜夜除非,好梦留人睡。明月楼高休独倚。酒入愁肠,化作相思泪。

醉花阴

〔宋〕李清照

薄雾浓云愁永昼,瑞脑销金兽。佳节又重阳,玉枕纱厨,半夜凉初透。

东篱把酒黄昏后,有暗香盈袖。莫道不销魂,帘卷西风,人比黄花瘦。

四是,句段练习。

枝头的柳叶有了淡淡的绿,桃花红了,油菜花飘洒着星星点点的黄,那淡淡的黄色好温馨,在没有阳光的早晨,温暖了我的视线。不知名的野花也开了,那是大地的微笑。蚕豆花开了,还有一个月就能吃到青蚕豆了,好像已经闻到了它的清香。还有那玉兰花灿烂地开着,白的如雪,红的似火。

在摩肩接踵的拥挤中游古典园林是很叫人伤心的事,如有一个偶然的机会,或许是大雨刚歇,游客未至,或许是时值黄昏,庭院冷落,你有幸走在这样的园林中就会觉得走进了一种境界,虚虚浮浮而又满目生气,几乎不相信自己往常曾多次来过。

春天的月光,似乎也带着股绿意,有一种说不出来的嫩;夏日的月光呢,饱满、丰腴,好像你抓上一把,它就能在指尖凝结成膏脂;秋天的月光,一派洗尽铅华的气质,安详恬淡,如古琴的琴声,悠远、清寂;冬天的月光虽然薄而白,但它落到雪地后,情形就不一样了,雪地上的月光新鲜明艳得像刚印出来的年画。

三、强控制训练

气要吸得深,保持一定量。如果气不够,喉咙会紧张。呼气要均匀、通畅、灵活。

(1) 弹发"hà"

用京剧老生笑的感觉,吸气后发"哈":"hà——hà——hà——hà——hà——",体会气沉丹田。

(2)弹发"hèi——hà——hòu——"

反复弹发"hèi——hà——hòu——",体会膈肌和腹肌的作用。

(3)弹发"pēng——pā——pī——pū——pāi——"

发"pēng——pā——pī——pū——pāi——",体会气上下贯通,力度加强。

(4)数葫芦

一口气数不了

二十四个葫芦、四十八块瓢。

一个葫芦两块瓢,

两个葫芦四块瓢,

三个葫芦六块瓢,

四个葫芦八块瓢,

五个葫芦十块瓢,

六个葫芦十二块瓢,

七个葫芦十四块瓢,

八个葫芦十六块瓢,

……

二十三个葫芦四十六块瓢,

二十四个葫芦四十八块瓢。

(5)古诗词

满江红

〔宋〕岳飞

怒发冲冠,凭栏处、潇潇雨歇。抬望眼,仰天长啸,壮怀激烈。三十功名尘与土,八千里路云和月。莫等闲、白了少年头,空悲切!

靖康耻,犹未雪。臣子恨,何时灭!驾长车,踏破贺兰山缺。壮志饥餐胡虏肉,笑谈渴饮匈奴血。待从头、收拾旧山河,朝天阙。

忆秦娥·娄山关

毛泽东

西风烈,长空雁叫霜晨月。霜晨月,马蹄声碎,喇叭声咽。

雄关漫道真如铁,而今迈步从头越。从头越,苍山如海,残阳如血。

沁园春·长沙

毛泽东

独立寒秋,湘江北去,橘子洲头。看万山红遍,层林尽染;漫江碧透,百舸争流。鹰击长空,鱼翔浅底,万类霜天竞自由。怅寥廓,问苍茫大地,谁主沉浮?

携来百侣曾游,忆往昔峥嵘岁月稠。恰同学少年,风华正茂;书生意气,挥斥方遒。指点江山,激扬文字,粪土当年万户侯。曾记否,到中流击水,浪遏飞舟?

(6)新闻句段

截至今天,"祝融号"火星车在火星表面工作82个火星日,累计行驶里程达到808米。目前,"祝融号"火星车正在穿越石块、撞击坑、沙丘分布密集的复杂地形地带,后避障相机拍摄了一张车体刚刚越过石块的照片。环绕器在轨运行379天,器地单向通信时延约21分23秒,各系统工况正常。

甜食是甜蜜的负担,控制甜食需要极大的毅力。现在,美国研究人员新开发了一款电脑游戏,可以通过训练强化大脑的控制能力,抑制人们对甜食的渴望。美国德雷克塞尔大学研究人员日前在英国《行为医学杂志》上报告,这款游戏中玩家需要在一间食品店快速移动,克制自己放入甜食的冲动,在购物车里放入健康食品,放置正确的食物才可以得分。

从今晚开始一直到27号,大名鼎鼎的蒙特卡洛芭蕾舞团将在国家大剧院连续上演两部标新立异的舞剧《罗密欧与朱丽叶》和《天鹅湖》。在昨天的发布会上,这支舞团的艺术总监、编导家马约表示,这部《天鹅湖》找不到一点传统元素。

北京海关日前破获近年来最大一起穿山甲鳞片走私案件,现场缴获穿山甲鳞片140千克。犯罪嫌疑人通过快递、物流等多种方式走私销售1030千克穿山甲鳞片。一只成年穿山甲只能产出0.6千克左右的鳞片,这意味着1600多只穿山甲被杀害。

第三单元　口腔控制训练

一、口部练习

1.开口练习

一是,打开牙关,要有提起上颌双侧后槽牙的感觉,同时下颌放松,加大口腔开度,丰富后口腔共鸣。

二是,提颧肌,两嘴角向斜上方提起,口腔前部有展宽感,尤其唇能展开贴住上齿,对吐字清晰明亮有帮助。

三是,挺软腭,半打哈欠的感觉,抬起

上颌后部,增加口腔空间的同时,减少气流过多灌入鼻腔,避免造成鼻音。

四是,放松下巴,避免下兜齿,否则会牵动喉头上提,造成发声紧张吃力,要把注意力集中于提上颌,有意忽略下巴的存在。

2.咀嚼练习

张口咀嚼与闭口咀嚼结合进行,舌自然平放,反复练习。

3.双唇练习

一是,双唇闭拢向前、向后、向左、向右、向上、向下,以及顺时针、逆时针转圈。

二是,双唇打响。

4.舌头练习

一是,舌尖顶下齿,舌面逐渐上翘。

二是,舌尖在口内左右顶口腔壁,在唇齿之间转圈。

三是,舌尖伸出口外向前伸,向左右、

向上下伸。

四是,舌在口腔内左右立起。

五是,舌尖的弹练,弹硬腭、弹口唇。

六是,舌尖与上齿龈接触打响。

七是,舌根与软腭接触打响。

二、声音集中练习

双唇音用喷法,舌尖音用弹法,舌尖有力度,要有意识地集中于一点发力,如子弹从嘴里喷射出去,要有目标,音波从硬腭前端送出。

(1)声母与 a 相拼的喷弹练习

ba—da—ga　　pa—ta—ka

ba—ma—fa　　zha—cha—sha

na—la—la　　za—ca—sa

(2)不同音节喷弹练习

peng—pa—pi—pu—pai

(3) 声母、韵母拆合练习

b—a—ba　　p—a—pa

b—ai—bai　　p—ai—pai

b—an—ban　p—an—pan

三、象声词练习

吧嗒嗒　　滴溜溜　　咕隆隆　　噼啪啪

扑通通　　呼啦啦　　咣当当　　哗啦啦

当啷啷　　乒乓乓　　唰啦啦　　淅沥沥

四、字词练习

编排　奔跑　爆破　背叛

匹配　坦荡　推动　态度

百炼成钢　波澜壮阔　壁垒森严

翻江倒海　喷薄欲出　普天同庆

滔滔不绝　斗志昂扬

字词练习既需注意口腔控制的力度，又要注意立度，不要用拙劲儿。在练习时，着重把握力量集中的技巧，即唇的中部用力;舌体取收势,力量集中于舌的中纵线上;声音沿软、硬腭的中纵线推到硬腭前部——声挂前腭,这样才会获得音色明朗、声音集中的效果。

五、合口呼、撮口呼练习

合口呼是满唇用力,撮口呼是嘴角用力,不要翘唇,减少突起,将唇齿相依,能改善音色。

乌鸦　花絮　挫折　快乐　吹捧　汪洋
虚假　宣纸　菊花　捐助　雪恨　辽远

山上五棵树,架上五壶醋,
林中五只鹿,箱里五条裤。
伐了山上的树,搬下架上的醋,
射死林中的鹿,取出箱中的裤。

学语言,用语言,学好语言不费难。
播音员学语言,说话亲切又自然;
演员学语言,台词传得远。

六、诗词练习

大风歌

〔汉〕刘邦

大风起兮云飞扬,
威加海内兮归故乡,
安得猛士兮守四方。

赠汪伦

〔唐〕李白

李白乘舟将欲行,忽闻岸上踏歌声。
桃花潭水深千尺,不及汪伦送我情。

九月九日忆山东兄弟

〔唐〕王维

独在异乡为异客,每逢佳节倍思亲。
遥知兄弟登高处,遍插茱萸少一人。

如梦令

〔宋〕李清照

常记溪亭日暮,沉醉不知归路。

兴尽晚回舟,误入藕花深处。
争渡,争渡,惊起一滩鸥鹭。

长江之歌

你从雪山走来,春潮是你的丰采;
你向东海奔去,惊涛是你的气概。
你用甘甜的乳汁,哺育各族儿女;
你用健美的臂膀,挽起高山大海。
我们赞美长江,你是无穷的源泉;
我们依恋长江,你有母亲的情怀。
你从远古走来,巨浪荡涤着尘埃;
你向未来奔去,涛声回荡在天外。
你用纯洁的清流,灌溉花的国土;
你用磅礴的力量,推动新的时代。
我们赞美长江,你是无穷的源泉;
我们依恋长江,你有母亲的情怀。
啊,长江!啊,长江!

七、贯口段子

正阳楼的涮羊肉,便宜坊的挂炉鸭,同

和居的烤馒头,东兴楼的乌鱼蛋,致美斋的烩鸭条。小地方哪,像灶温的烂肉面,穆家寨的炒疙瘩,金家楼的汤爆肚,都一处的炸三角,以至于月盛斋的酱羊肉,六必居的酱菜,王致和的臭豆腐,信远斋的酸梅汤,三妙堂的合碗酪,恩元德的包子,砂锅居的白肉,杏花春的花雕。

大宋朝文彦博,幼儿倒有浮球之智,司马文公,倒有破瓮救儿之谋。汉孔融四岁让梨,懂得谦逊之礼。汉黄香九岁温席奉亲,秦甘罗一十二岁身为宰相。吴周瑜七岁学文,九岁习武,一十三岁官拜水军都督,执掌六郡八十一州之兵权,施苦肉献连环祭东风借雕翎火烧战船,使曹操望风鼠窜,险些命丧江南。虽有卧龙凤雏之相帮,那周瑜也算小孩子当中之魁首。

八、综合练习

北国风光,千里冰封,万里雪飘。望长城内外,惟余莽莽;大河上下,顿失滔滔。山舞银蛇,原驰蜡象,欲与天公试比高。

一个春天的月牙在天上挂着。我看出它的美来。天是暗蓝的,没有一点云。那个月牙清亮而温柔,把一些软光儿轻轻送到柳枝上。院中有点小风,带着南边的花香,把柳条的影子吹到墙角有光的地方来,又吹到无光的地方去。

那波浪互相拥挤着,追逐着,越来越近,越来越高。赶来到脚下时便陡立成一道道齐齐的水墙,像一匹扬鬃跃蹄的野马,呼啸着扑上岸来,"啪"的一声,一头撞在那些圆溜溜的礁石上,顷刻间便化作了点点水珠。

第四单元　吐字归音训练

普通话音节分为声母、韵母(韵头、韵腹、韵尾)、声调,也可叫作字头、字颈、字腹、字尾、字神。对各部分发音的要求如下。

字头:叼住弹出,部位准确。
　　　气息饱满,结实有力。
　　　短暂敏捷,干净利落。
字颈:定型标准,过渡柔和。
　　　肌肉紧张,次于声母。
　　　音短气弱,准确自然。
字腹:拉开立起,气息均匀。
　　　音长声响,圆润饱满。
　　　窄韵宽发,宽韵窄发;
　　　前音后发,后音前发;
　　　圆唇扁发,扁唇圆发。
字尾:尾音轻短,完整自如,
　　　避免生硬,突然收住。

　　　　　归音到位,送气到家,
　　　　　　干净利索,趋向鲜明。
字神:阴阳上去,高扬转降。

一、字头训练

1.双唇音

吃葡萄不吐葡萄皮儿,
不吃葡萄倒吐葡萄皮儿。

一平盆面,
烙一平盆饼。
饼碰盆,盆碰饼。

爸爸抱宝宝,
跑到布铺买布做长袍,
宝宝穿了长袍不会跑。
布长袍破了还要用布补,
再跑到布铺买布补长袍。

2.唇齿音

我们要学理化,

他们要学理发。

理化、理发要分清,

学会理化却不会理发,

学会理发也不懂理化。

3.舌尖中音

白石塔,白石搭,

白石搭白塔,

白塔白石搭,

搭好白石塔,

白塔白又大。

太阳从西往东落,听我唱个颠倒歌。

天上打雷没有响,地下石头滚上坡;

江里骆驼会下蛋,山里鲤鱼搭成窝;

腊月酷热直流汗,六月爆冷打哆嗦;

姐在房中手梳头,门外口袋把驴驮。

4.舌根音

一班有个黄贺,二班有个王克,
黄贺、王克二人搞创作。
黄贺搞木刻,王克搞诗歌。
黄贺帮助王克写诗歌,
王克帮助黄贺搞木刻。
由于二人搞协作,
黄贺完成了木刻,王克写好了诗歌。

5.舌面音

像柳絮,像飞蝶,
情绵绵,意切切,
我爱这人间最美的花朵。
白雪飘飘,飘飘白雪。
看她那晶莹的花瓣,
铺满了天边的原野。
看她那轻盈的舞姿,
催开了红梅的笑靥。
啊,白雪飘飘,飘飘白雪。

她赠给大地一片皎洁,
她撒向人间多少欢悦。

6.翘舌音

三山撑四水,四水绕三山,三山四水春常在,四水三山四时春。

7.平舌音

早晨早早起,早起做早操。
人人做早操,做操身体好。

四是四,十是十,十四是十四,四十是四十。谁能说准四十、十四、四十四,谁来试一试。

二、四呼练习

1.开口呼

小草

没有花香,没有树高,我是一棵无人知道的小草。从不寂寞,从不烦恼,你看我的伙伴遍及天涯海角。春风把我吹绿,阳光把我照耀。河流山川抚育我成长,大地母亲把我紧紧拥抱。

草原上升起不落的太阳

蓝蓝的天上白云飘,白云下面马儿跑,挥动鞭儿响四方,百鸟齐飞翔!要是有人来问我,这是什么地方?我就骄傲地告诉他,这是我们的家乡!

这里的人民爱和平,也热爱家乡,赞美自己的新生活,纵情把歌唱!祖国的天地多宽广,抚育我们成长,草原上升起不落的太阳!

2.齐齿呼

画眉鸟

〔宋〕欧阳修

百啭千声随意移,山花红紫树高低。
始知锁向金笼听,不及林间自在啼。

3.合口呼

早春呈水部张十八员外

〔唐〕韩愈

天街小雨润如酥,草色遥看近却无。
最是一年春好处,绝胜烟柳满皇都。

4.撮口呼

村里新开一条渠

村里新开一条渠,弯弯曲曲上山去。
河水雨水渠里流,满山庄稼一片绿。

三、十三辙训练

同韵字归纳在一起,叫作辙,也就是"韵"。传统戏曲中分十三辙,即:中东辙、江阳辙、一七辙、灰堆辙、怀来辙、姑苏辙、人辰辙、遥条辙、梭波辙、发花辙、油求辙、乜斜辙、言前辙。

十三辙是从普通话的韵母里分析出来的。练习时要注意要领:韵腹拉开立起,韵尾归音到位,注意情声气的结合。两道小辙是:小人辰辙和小言前辙。

1.发花辙:a、ia、ua

泊秦淮

〔唐〕杜牧

烟笼寒水月笼沙,夜泊秦淮近酒家。
商女不知亡国恨,隔江犹唱后庭花。

2.梭波辙:o、e、uo

咏鹅

〔唐〕骆宾王

鹅鹅鹅,曲项向天歌。
白毛浮绿水,红掌拨清波。

3.乜斜辙:ie、üe

江雪

〔唐〕柳宗元

千山鸟飞绝,万径人踪灭。
孤舟蓑笠翁,独钓寒江雪。

4. 遥条辙：iao、ao

咏柳

〔唐〕贺知章

碧玉妆成一树高,万条垂下绿丝绦。

不知细叶谁裁出,二月春风似剪刀。

5. 一七辙：i、ü

江畔独步寻花

〔唐〕杜甫

黄四娘家花满蹊,千朵万朵压枝低。

留连戏蝶时时舞,自在娇莺恰恰啼。

6. 姑苏辙：u

悯农

〔唐〕李绅

锄禾日当午,汗滴禾下土。

谁知盘中餐,粒粒皆辛苦。

7. 怀来辙：ai、uai

游园不值

〔宋〕叶绍翁

应怜屐齿印苍苔，小扣柴扉久不开。
春色满园关不住，一枝红杏出墙来。

8. 灰堆辙：ei、uei

凉州词

〔唐〕王瀚

葡萄美酒夜光杯，欲饮琵琶马上催。
醉卧沙场君莫笑，古来征战几人回？

9. 油求辙：iou、ou

题临安邸

〔宋〕林升

山外青山楼外楼，西湖歌舞几时休？
暖风熏得游人醉，直把杭州作汴州。

10. 言前辙：an、ian、uan、üan

凉州词

〔唐〕王之涣

黄河远上白云间,一片孤城万仞山。

羌笛何须怨杨柳,春风不度玉门关。

11. 人辰辙：en、in、uen、ün

清明

〔唐〕杜牧

清明时节雨纷纷,路上行人欲断魂。

借问酒家何处有,牧童遥指杏花村。

12. 江阳辙：ang、iang、uang

润州听暮角

〔唐〕李涉

江城吹角水茫茫,曲引边声怨思长。

惊起暮天沙上雁,海门斜去两三行。

13. 中东辙：eng、ing、ong、iong、ueng

江南春

〔唐〕杜牧

千里莺啼绿映红，水村山郭酒旗风。

南朝四百八十寺，多少楼台烟雨中。

四、综合练习

金黄之美，属于秋天。凡秋天最美的树，都在春夏时显得平淡。可当严冬来临时，一场凌风厉雨的抽打，棵棵绿树郁积多时的幽怨，突然迸发出最鲜活最丰满的生命。那金黄，那鲜红，那刚烈，那凄婉，那裹着苍云顶着青天的孤傲，那如悲如喜如梦如烟的摇曳，会使你在夜里借着月光去抚摸隐约朦胧的花影，会使你在清晨踏着雨露去感触沙沙的落叶。

冰盖无疑是南极最奇丽的景观。它横在海面上，边缘如刀切的截面，奶油般洁白,看去像一只冰激凌蛋糕盛在蓝色的托盘上。而当日出或日落时分,太阳在冰盖顶上燃烧,恰似点燃了一支生日蜡烛。

上百只毛茸茸圆滚滚的羊,像下课的孩子一样,推着挤着闹着过路,然后从草原那头,牧羊人出现了。他一脸胡子,披着蓑衣,手执长杖,在羊群的簇拥中缓缓走近。夕阳把羊毛染成淡淡粉色,空气流动着草汁的酸香。

在进行完高强度的运动后,不少人可能会选择来一杯运动饮料,补充刚刚消耗掉的营养和水分。但英国专家近日研究发现,选择喝一杯牛奶要更加明智,因为牛奶不仅便宜,而且对于补充人体的水分和盐分最为有效,它将更加长久地使人体体液保持平衡。

第五单元　共鸣控制训练

播音或主持节目时,以口腔共鸣为主,胸腔共鸣为基础,发高音时会有鼻腔、头腔共鸣。

声音圆润集中,需要改变口腔共鸣条件。发音时,双唇集中用力,下巴放松,打开牙关,喉部放松,提颧肌,在共同运动时,嘴角上提。张口吸气或用"半打哈欠"的感觉体会喉部、舌根、下巴放松的状态。在打开口腔时,注意唇的收拢。

一、口腔共鸣训练

双唇用喷法,舌尖用弹法,要有意识集中于一点,似子弹从嘴里喷射出,击中一个目标。声音沿上颌打到硬腭前端送出。注意,此时鼻咽要关闭。

1.单音节练习

- bā—dā—gā　bā—dā—gā
  pā—tā—kā　pā—tā—kā
- bā　dā　gā　pā　tā　kā
  pā　tā　kā　bā　dā　gā
- bā　bá　bǎ　bà
  pā　pá　pǎ　pà
  dā　dá　dǎ　dà
- pēng　pā　pī　pū　pāi
  pāi　pū　pī　pā　pēng

2. 声母韵母拼合练习

b—a—bā　　　p—a—pā
b—ai—bāi　　p—ai—pāi
b—an—bān　　p—an—pān

3.两字词、四字词练习

澎湃　冰雹　碰壁　玻璃
蓬勃　喷泉　批判　拍打

百炼成钢　　波澜壮阔

壁垒森严　翻江倒海

4.象声词练习

吧嗒嗒　　滴溜溜　　咕隆隆　　噼啪啪

扑通通　　呼啦啦　　咣当当　　哗啦啦

乒乓乓　　唰啦啦

5.合口音、撮口音练习

乌鸦　　花絮　　挫折　　快乐

吹捧　　汪洋　　虚假　　宣纸

菊花　　捐助　　雪恨　　辽远

山上五株树,架上五壶醋,

林中五只鹿,箱里五条裤。

伐了山上的树,搬下架上的醋,

射死林中的鹿,取出箱中的裤。

学语言,用语言,学好语言不费难。

播音员学语言,说话亲切又自然。

演员学语言,台词传得远。

人民解放军占领南京

毛泽东

钟山风雨起苍黄,百万雄师过大江。
虎踞龙盘今胜昔,天翻地覆慨而慷。
宜将剩勇追穷寇,不可沽名学霸王。
天若有情天亦老,人间正道是沧桑。

采桑子·重阳

毛泽东

人生易老天难老,岁岁重阳。今又重阳,战地黄花分外香。

一年一度秋风劲,不似春光。胜似春光,寥廓江天万里霜。

二、鼻腔共鸣训练

鼻腔共鸣是通过软腭来实现的。当软腭放松,鼻腔通路打开,口腔的某部分阻断气流,声音在鼻腔得到共鸣,就产生标准的鼻辅音 m、n 和 ng 等。当鼻腔和口腔同时打开,产生的是鼻化元音。少量的元音鼻化可以使音色明亮,但过多的鼻化会形成"鼻"音,这是播音之大忌。

1.鼻腔共鸣训练

(1)元音鼻化

纯 a 音——加鼻腔共鸣 ã 音

纯 i 音——加鼻腔共鸣 ĩ 音

纯 u 音——加鼻腔共鸣 ũ 音

(2)鼻辅音+口元音

ma—mi—mu

na—ni—nu

(3)哼唱

m 哼唱使硬腭之上的鼻腔中的气息振动和软腭的前部扯紧。

n 哼唱使软腭中部振动并扩大鼻咽腔。

ng 哼唱使软腭后面的垂直部分振动并打开鼻咽腔的下面部分。

(4)词和句段练习

妈妈 大妈 光芒 中央 接纳 头脑

朝霞冉冉升起,东方透出微明。
你听,你听,国旗的飘扬声。

蓝蓝的天上白云飘,白云下面马儿跑。
挥动鞭儿响四方,百鸟齐飞翔。

2.解除鼻音训练

(1)发"吭"声

挺软腭,关闭鼻咽道,突然打开鼻咽道,发"吭"(kēng)声。

软腭上提,口腔后部声音的通道畅通无阻,就不会出现鼻音,也可以减轻喉音重的毛病。

(2)发"a"音

手捏鼻孔不出气,发"a"音体会。

(3)连发元音

连发六个元音:a—o—e—i—u—ü。

（4）声韵拼合

b—ang—bāng(帮)

p—ang—páng(旁)

m—ang—máng(忙)

b—ai—bái(白)

（5）鼻韵母拆合

16个鼻韵母中主要元音与鼻尾音做拆合练习。练习时，发准元音，再发鼻音，然后合并来发。

an—a—n　　　ang—a—ng

en—e—n　　　ian—i—a—n

iang—i—a—ng　ün—ü—n

uang—u—a—ng

注意：如果鼻音较重，练声时，则少练带有声母m、n和鼻尾韵的音节。

三、胸腔共鸣训练

胸腔的共鸣空间大，带有胸腔共鸣的

声音有深度和宽度,听来浑厚、宽广,给观众和听众庄严、深沉、真实、可信之感。胸腔是重要的共鸣器官。

(1)"a"音练习

"a"音直上直下及滑动练习。

(2)夸大上声练习

hǎo bǎi mǐ zǒu

(3)成语练习

百炼成钢 bǎi liàn chéng gāng

翻江倒海 fān jiāng dǎo hǎi

(4)句段练习

小柳树,满地栽,金花谢,银花开。

我看樱花,往少里说,也有几十次了。在东京的青山墓地看,上野公园看,千鸟渊看……雨里看,雾中看,月下看……日本到处都有樱花,有的是几百棵花树拥在一起,有的是一两棵花树在路旁水边悄然独立。春天在日本就是沉浸在弥漫的樱花气息里!

今天是全国哀悼日第一天。从北国林海到南疆渔村,从天山牧场到江南水乡,辽阔的中华大地,沉浸在无比悲痛之中。北京天安门、新华门和全国人大常委会、国务院、全国政协、中央军事委员会、最高人民法院、最高人民检察院所在地,全国和各驻外机构,全都下半旗志哀。全国停止公共娱乐活动,以表达对四川汶川大地震遇难同胞的深切哀悼。

朋友们,一个新的春天正走向我们,我们正在拥抱又一个崭新的春天!随着新春钟声的敲响,让我们把这新春最衷心最美好的祝愿播撒在祖国的大地上,播撒在中国人的心目当中。

四、头腔共鸣训练

头腔共鸣需要一定气势、一定音高。播音时头腔共鸣一般用不到。有时需要加强作品感情色彩,声音高昂、明快,铿锵有力,这时会感到声音不是从嘴里发出,而是从眉心透出。

发 i、a 上滑音体会一下。

五、综合练习

1.寓言

猴吃西瓜

猴王找到了一个大西瓜,可是,怎么吃呢?这个猴啊,是从来也没有吃过西瓜。忽然,他想出了一条妙计,于是,把所有的猴都召集来了。

他清了清嗓子:"今天,我找到了一个大西瓜。至于这西瓜的吃法嘛,我当然……当然是知道的。不过,我要考验一下大伙的智慧,看看谁能说出这西瓜的吃法。如果说对了,我可以多赏他一块。如果说错了,我可要惩罚他!"

大伙你看看我，我看看你，谁也没有吃过西瓜。

小毛猴眨巴眨巴眼睛，挠了挠腮说："我知道，吃西瓜是吃瓤！"

"不对！小毛猴说得不对！"秃尾巴猴跳了起来，"我小的时候跟我妈去姥姥家，吃过甜瓜，吃甜瓜就是吃皮。我想，这甜瓜也是瓜，西瓜也是瓜，吃西瓜嘛，当然也是吃皮咯。"

这时候，大伙争执起来，有的说："吃西瓜吃皮！"有的说："吃西瓜吃瓤！"可争了半天，也没争出个结果，于是都不由地把目光集中到一只老猴的身上……

这老猴认为出头露面的机会来了，他捋了捋胡子，清了一下嗓子说："这吃西瓜嘛，当然……当然是吃皮咯。我从小就爱吃西瓜，而且……而且一直都是吃皮的。我想，我之所以老而不死，就是因为吃了这西瓜皮的缘故……"

大伙都欢呼起来:"对!吃西瓜吃皮!""吃西瓜吃皮!"……

猴王认为找到了正确答案,他站起身来,上前一步,开言道:"对!大伙说得对!吃西瓜是吃皮。哼!就小毛猴崽子一个人说吃西瓜吃瓤,那就让他一个人吃吧!咱们大伙,都吃西瓜皮!"

西瓜一刀切成两半,小毛猴吃瓤,大伙共分西瓜皮……

有个猴吃了两口,就捅了捅旁边的猴说:"哎,我说这可不是滋味啊!"

"嘿,老弟,我常吃西瓜,西瓜嘛,就是这味儿……"

啄木鸟和大树

一天,啄木鸟在给大树治病。

啄木鸟啄虫的时候,把大树的皮啄开了,大树身上出现了一个个小洞洞。大树一见,生气地说:"啄木鸟,你是不是医生呀!你把我啄得千疮百孔,弄得我都不好看了!"啄木鸟说:"你不是病了吗,我给每一棵大树都是这样治病的。"大树说:"你什么意思呀?你哪里是在给我治病?分明是在害我!"啄木鸟和大树吵了起来。大树气呼呼地说:"你以后别来我身上住了。"啄木鸟一跺脚,说:"不住就不住。"说完,拍拍翅膀飞走了。

几个月后,大树身上的虫子越来越多,树干外面依旧美丽,但里面被虫蛀得千疮百孔,它一天比一天虚弱,直到它的叶子开始脱落,它才恍然大悟——啄木鸟原来真的是为了它好。

2. 散文

西风胡杨(片段)

那曾经三十六国的繁华,那曾经狂嘶的烈马,腾燃的狼烟,飞旋的胡舞,激奋的羯鼓，肃穆的佛子，缓行的商队，以及那连绵万里直达长安的座座烽台……都已被那浩茫茫的大漠洗礼得苍凉斑驳。仅仅千年，只剩下残破的驿道，荒凉的古城，七八匹孤零零的骆驼，三五杯血红的酒，两三曲英雄逐霸的故事，一支飘忽在天边如泣如诉的羌笛。当然，还剩下胡杨，还剩下胡杨簇簇金黄的叶，倚在白沙与蓝天间，一幅醉人心魄的画，令人震撼无声。

金黄之美，属于秋天。凡秋天最美的树，都在春夏时显得平淡。可当严冬来临时，一场凌风厉雨的抽打，棵棵绿树郁积多时的幽怨，突然迸发出最鲜活最丰满的生命。那金黄，那鲜红，那刚烈，那凄婉，那裹着苍云顶着青天的孤傲，那如悲如喜如梦如烟的摇曳，会使你在夜里借着月光去抚摸隐约朦胧的花影，会使你在清晨踏着雨露去感触沙沙的落叶。你会凝思，你会倾听,你会去当一个剑者,披着一袭白衫,在飘然旋起的片片飞黄与零零落红中遥遥劈斩,挥出那道悲凉的弧线。这便是秋树。如同我喜爱夕阳,唯有在傍晚,唯有在坠落西山的瞬间,烈日变红了,金光变柔了,道道彩练画出万朵莲花,整个天穹被泼染得绚丽缤纷,使这最后的挣扎、最后的拼搏抛洒出最后的灿烂。人们开始明白它的存在,开始追忆它的辉煌,开始探寻它的伟大,开始恐惧黑夜的来临。这秋树与夕阳,是人们心中梦中的诗画。而金秋的胡杨,便是这诗画中的绝品。

3.晚会主持

春节联欢晚会

任鲁豫:玉鼠追冬去,金牛送春来。

尼格买提:全国和全世界的观众、听众朋友们,随着辛丑牛年的款款来临,中国中央广播电视总台春节联欢晚会在这里和您见面啦!

李思思:即将辞别的旧岁,极不平凡。我们在风雨中前行,经历了太多太多。

张　韬:这一年,我们哭过、笑过、拼过,这一年,我们每个人都了不起。

龙　洋:浮云难蔽日,雾散终有时。

任鲁豫:今晚在这阖家团圆、辞旧迎新的时刻,我们要向所有的中国人深情地道一声,你们——

合:辛苦了。

李思思:朋友们,我们的晚会正在通过央视综合频道、综艺频道、中文国际频道、国防军事频道、少儿频道、农业农村频道、4K超高清频道和8K超高清试验频道,以及央广音乐之声、经典音乐广播、文艺之声、中国交通广播、华语环球广播和大湾区之声、南海之声等同步直播。

尼格买提:与此同时,央视频、央视新闻新媒体、央视网、央广网、国际在线、云听等新媒体平台同步播出。总台英语、西班牙语、法语、阿拉伯语、俄语频道和43种外语新媒体将联动全球170多个国家和地区的600多家媒体对春晚进行直播和报道。

龙　洋：通过这些传播平台,我们晚会的盛况将在同一时刻传遍神州大地,传遍五洲四海。

张　韬：通过这些传播平台,我们要向全国各族人民,向港澳台同胞,向全世界的华侨华人送去新春的祝福。

任鲁豫：大家——

合：过年好!

第六单元　声音弹性训练

为了适应作品丰富的情感变化,为了使感情真挚动人,就要增加声音的表现力和感染力,也就是说,声音要具有伸缩性和可变性,这就是声音的弹性。

一、扩展音域训练

练习时,注意声音的高低、强弱、虚实、刚柔、厚薄、明暗等变化。

(1)a、i、u 滑动

a、i、u 由低向高滑动,再从高向低滑动。发窄音时,注意控制好口腔,加强气息控制,声音不能挤。

(2)a、i 绕音

a、i 绕音,螺旋式上绕、下绕练习。

声音低起,感觉像是一圈一圈绕着大圆柱往上爬,控制好气息,声音不要有喊叫的感觉。

(3)远距离对话练习

练习时可想象改变距离。

甲:喂——喂——小兰——

乙:哎——

甲:快——来——呀——
乙:什么事——呀——
甲:咱们去看——电——影——
乙:好——吧——

二、加强声音对比训练

1. 小片段

黑暗的旧中国,地是黑沉沉的地,天是黑沉沉的天。灾难深重的人民啊,你身上带着沉重的锁链,头上压着三座大山。你一次又一次地呼喊,一次又一次地战斗。可是啊,夜漫漫,路漫漫,长夜难明赤县天……

亲爱的同志啊!你可曾记得,在那战火纷飞的黎明,在那风雪弥漫的夜晚,我们是怎样地向往啊!向往着胜利的一天。

这一天终于来到了!看哪,人人挂着喜悦的眼泪,个个兴高采烈,流水发出欢笑,山冈也显得年轻,他们在倾听,倾听,倾听着这震撼世界的声音:中华人民共和国诞生了! 中国人民从此站起来了!

一个六七岁的姑娘,活灵活现地站在我的眼前了。

她疏眉细眼,故意眯缝着眼瞧我;小鼻子微微地朝上翘着,薄薄的两片小嘴唇因为忍住笑而紧闭着,两颗小酒窝儿,在那又红又结实的腮上陷得很深;大概是攀树的时候把手抓疼了,两只小小的胖手,使劲搓着——嘿,一副调皮、高傲的神气!

14时37分19秒,离陆地仅16米的战机突然嘭的一声巨响,飞行现场所有官兵的心为之一紧。坐镇塔台指挥的参谋长李国华敏锐地观察到一团火苗从战机右发动机尾部喷射而出。与此同时,叶江感到战机猛然一震,随之不停地剧烈抖动,手中的驾驶杆也变得越来越沉……

右发动机停车！飞行2000多小时的特级飞行员叶江头一次遇到如此超低高度的空中停车特情。但他没有丝毫慌乱，他知道处境越是危险越是要保持清醒。一旦处置不当，战机随时可能失去控制。

2.快板书

打竹板,响连天。各位老师、同学听我言:

中华文化生生燃,博大精深最璀璨。
炎黄为旗号华夏,龙凤为图汉字传。
经史子集典章文,书本积淀不尽然。
厚德载物通天地,薪火相传千万年。
文化遗产要保护,经典诵读闯新路。

给诸位,道大喜,人民政府了不起！了不起,修臭沟,上手儿先给咱们穷人修。请诸位,想周全,东单、西四、鼓楼前;还有那,先农坛;五坛八庙,颐和园;要讲修,都得修,为什么先管龙须沟？都只为,这儿脏,这儿臭,政府看着,心里真难受!好政府,爱穷人,教咱们干干净净大翻身。修了沟,又修路,好教咱们挺着腰板儿迈大步;迈大步,笑嘻嘻,劳动人民努力又心齐。齐努力,多做工,国泰民安享太平!

3.散文片段

语言不是木棍,语言是活生生的千年老树,盘根错节、深深扎根在文化和历史的土壤中。移植语言,就是移植文化和历史,移植价值和信念,两者不可分。殖民者为了更改被殖民者的价值观,统治的第一步就是让被殖民者以殖民者的语言为语言。香港和新加坡就这样成为英语的社会。娴熟英语,通晓英语世界的价值观与运作模式,固然使新加坡和香港这样的地方容易与国际直接对话,但是他们可能也要付出代价,文化的代价。英语强势,可能削弱了本土语言文化——譬如汉语或马来语——

的发展,而英语文化的厚度又不足以和纽约或伦敦相提并论,结果可能是两边落空,两种文化土壤都可能因为不够厚实而无法培养出参天大树。

站在罗布泊边缘,会突然感到荒漠是大地裸露的胸膛,大地在这里已脱尽了外衣,露出自己的肌肤筋骨。站在罗布泊边缘,你能看清那一道道肋骨的排列走向,看到沧海桑田的痕迹,你会感到这胸膛里面深藏的痛苦与无奈。罗布泊还能重现往日的生机吗?我问自己。

冰糖葫芦,是北方冬天比较常见的小吃,一般用山楂穿成,糖稀被冻硬,吃起来又酸又甜,天气再冷点吃着还会觉得很冰,嚼上一口,瞬间口舌生津。记得第一次吃糖葫芦,是爷爷带着我逛地坛庙会,当时还只能仰着头看人的我,就远远地看见了庙会门口那些肩扛着冰糖葫芦的生意人。他们的草把子上插满了红红的串,最顶上还插着一面小彩旗。看着那被红红的果子压弯了的竹签,扛在他们的肩上一颠一颠的,红彤彤的山楂在糖膜的包裹下格外诱人。

4.小说片段

事到临头,千钧一发之际,大青马突然异常镇静。它装着没有看见狼群,或是一副无意冲搅狼们聚会的样子,仍然踏着赶路过客的步伐缓缓前行。它挺着胆子,控着蹄子,既不挣扎摆动,也不夺路狂奔,而是极力稳稳地驮正鞍子上的临时主人,像一个头上顶着高竿的玻璃杯叠架盘的杂技高手,在陈阵身下灵敏地调整马步,小心翼翼地控制着陈阵脊椎中轴的垂直,不让他重心倾斜失去平衡,一头栽进狼阵。

观众承认了春来,掌声和喝彩声就是最好的证明。筱燕秋无声地坐在化妆台前,她望着自己,目光像秋夜里的月光,汪汪地散了一地。她一点都不知道自己做了些什么,她拿起水衣给自己披上,取过肉色的底彩挤在左手的掌心,均匀地一点一点往脸上抹,往脖子上抹,往手上抹……然后她让化妆师给她调眉,包头,上齐眉穗,戴头套,镇定自若地,出奇地安静。筱燕秋并没有说什么,只是拉开了门,往门外走去。

筱燕秋穿着一身薄薄的戏装走进了风雪,她来到了剧场的大门口,站在了路灯下面,她看了大雪中的马路一眼,自己给自己数起了板眼。她开始了唱,她唱的依旧是二黄慢板转原板转流水转高腔。雪花在飞舞,戏场门口,人越来越多,车越来越挤,但没有一点声音。筱燕秋旁若无人,边舞边唱。她要给天唱,给地唱,给她心中的观众唱。

5.主持词片段

今天是立春,是二十四节气之首,标志

着新的一年开始了。而我们国家作为农业大国,这一天在南方也代表着一年春耕的开始。毫无疑问立春这个节气是非常有讲究的。

立春,也叫农民节,标志着一年农业生产的开始,在过去也有"立春大于年"的官方说法。古时立春这天,人们要赶牛上街,一路去朝拜天子。牛腹里装满五谷粮食,百姓可以打牛取种子耕地,所以这天也叫打春。而按照民俗传统,立春这天对吃食是非常有讲究的,其中北方盛行吃萝卜,也被称为咬春。

说起王府井,那真是鼎鼎大名。这条街最早形成于元代,至今已有700多年的历史,在当年这里就是一处商业的集散之地。现如今的王府井已经成为一条充满现代气息、高品位、高标准的国际化中心商业点,百货大楼、新东安市场、外文书店、丹耀大厦、工美大楼、盛锡福、同升和、瑞蚨祥、吴裕泰、东来顺、全聚德等,这一个个错落有致的百年老店仍然焕发着当年的气息,使这条老街散发出古今并存的迷人魅力。

百年前,中国在费城世界科技博览会上展示的是挖耳勺和绣花鞋。百年后,中国在珠海航空航天博览会上展示的是卫星和宇宙飞船。从无到有,由弱到强,"珠海航展"以及它所代表的中国航空航天事业走过了一条怎样的路?知名纪实文学作家李鸣生用纪实文学《敢为天下先》给出了答案。

《敢为天下先》使珠海航展的发展历史浮出水面,让更多默默无闻的英雄故事走向大众。珠海航展二十年的发展,折射出了中国空军走过的每一个脚步,在展览之外它更是一个国家工业面向世界的舞台,它见证了航展人为中国在世界舞台上展示中国实力所做出的巨大贡献。珠海航展所承载的,是泱泱中华敢为天下先的一种精神追求,体现的是中华民族不甘落后、勇于追赶世界的大国情怀。它让世界看到的,不光是中国的力量,中国的自信,还有中国的希望。

第三编　综合运用

第一单元　诗歌类

诗歌有很多子类,如抒情诗、讽刺诗、寓言诗、叙事诗等,其共同的特点是:语言精练、内容丰富、含意深邃和节奏感强。在朗诵诗歌作品时应该根据内容来创作,或热情奔放,或真挚深沉,或舒缓轻快。

一、古诗词

1. 格律诗

格律诗节奏工整,节拍感强,需要把握好语节,使语意清晰完整;古体诗语言凝练,意境深远,每一个音节所蕴含的信息量和情感分量都很丰富。表达时,要在对内容的深入挖掘和充分理解的基础上,使每一个音节得到夸张和舒展,需讲究吐字归音。

(1)五言诗

江上渔者

〔宋〕范仲淹

江上往来人,但爱鲈鱼美。

君看一叶舟,出没风波里。

寻隐者不遇

〔唐〕贾岛

松下问童子,言师采药去。

只在此山中,云深不知处。

梅花

〔宋〕王安石

墙角数枝梅,凌寒独自开。

遥知不是雪,为有暗香来。

相思

〔唐〕王维

红豆生南国,春来发几枝。

愿君多采撷,此物最相思。

绝句

〔唐〕杜甫

迟日江山丽,春风花草香。

泥融飞燕子,沙暖睡鸳鸯。

(2)七言诗

望天门山

〔唐〕李白

天门中断楚江开,碧水东流至此回。

两岸青山相对出,孤帆一片日边来。

墨梅

〔元〕王冕

我家洗砚池头树,朵朵花开淡墨痕。

不要人夸好颜色,只留清气满乾坤。

山行

〔唐〕杜牧

远上寒山石径斜,白云生处有人家。
停车坐爱枫林晚,霜叶红于二月花。

绝句

〔唐〕杜甫

两个黄鹂鸣翠柳,一行白鹭上青天。
窗含西岭千秋雪,门泊东吴万里船。

回乡偶书

〔唐〕贺知章

少小离家老大回,乡音无改鬓毛衰。
儿童相见不相识,笑问客从何处来。

2.古体诗

登幽州台歌

〔唐〕陈子昂

前不见古人,后不见来者。
念天地之悠悠,独怆然而涕下。

敕勒歌

北朝民歌

敕勒川,阴山下。

天似穹庐,笼盖四野。

天苍苍,野茫茫,

风吹草低见牛羊。

游子吟

〔唐〕孟郊

慈母手中线,游子身上衣。

临行密密缝,意恐迟迟归。

谁言寸草心,报得三春晖。

3.词的朗诵

抒情是词作的主要表现内容,无论怀古幽思还是悲情愁绪,情感都相当浓厚,因此要仔细挖掘内在的情感,了解相关的典故,才能恰当地表情达意。我们可以通过对语速的控制来把握上、下阕的衔接与转换。

江城子·乙卯正月二十日夜记梦

〔宋〕苏轼

十年生死两茫茫,不思量,自难忘。千里孤坟,无处话凄凉。纵使相逢应不识,尘满面,鬓如霜。

夜来幽梦忽还乡,小轩窗,正梳妆。相顾无言,唯有泪千行。料得年年肠断处,明月夜,短松冈。

声声慢

〔宋〕李清照

寻寻觅觅,冷冷清清,凄凄惨惨戚戚。乍暖还寒时候,最难将息。三杯两盏淡酒,怎敌他、晚来风急。雁过也,正伤心,却是旧时相识。

满地黄花堆积。憔悴损,如今有谁堪摘?守着窗儿,独自怎生得黑?梧桐更兼细雨,到黄昏、点点滴滴。这次第,怎一个愁字了得!

念奴娇·赤壁怀古

〔宋〕苏轼

大江东去,浪淘尽,千古风流人物。故垒西边,人道是,三国周郎赤壁。乱石穿空,惊涛拍岸,卷起千堆雪。江山如画,一时多少豪杰。

遥想公瑾当年,小乔初嫁了,雄姿英发。羽扇纶巾,谈笑间,樯橹灰飞烟灭。故国神游,多情应笑我,早生华发。人生如梦,一樽还酹江月。

4.文言文

文言文字少意深、音单意广。朗读时不宜变化悬殊,应该平稳舒缓、从容深沉,而且根据感情的需要来拓展词语,尤其是语助词要适当延长。

陋室铭

〔唐〕刘禹锡

山不在高,有仙则名。水不在深,有龙

则灵。斯是陋室,惟吾德馨。苔痕上阶绿,草色入帘青。谈笑有鸿儒,往来无白丁。可以调素琴,阅金经。无丝竹之乱耳,无案牍之劳形。南阳诸葛庐,西蜀子云亭。孔子云:"何陋之有?"

岳阳楼记

〔宋〕范仲淹

庆历四年春,滕子京谪守巴陵郡。越明年,政通人和,百废具兴,乃重修岳阳楼,增其旧制,刻唐贤今人诗赋于其上。属予作文以记之。

予观夫巴陵胜状,在洞庭一湖。衔远山,吞长江,浩浩汤汤,横无际涯;朝晖夕阴,气象万千。此则岳阳楼之大观也,前人之述备矣。然则北通巫峡,南极潇湘,迁客骚人,多会于此,览物之情,得无异乎?

若夫霪雨霏霏,连月不开;阴风怒号,浊浪排空;日星隐曜,山岳潜形;商旅不行,樯倾楫摧；薄暮冥冥，虎啸猿啼。登斯楼也，则有去国怀乡，忧谗畏讥，满目萧然，感极而悲者矣。

至若春和景明，波澜不惊，上下天光，一碧万顷；沙鸥翔集，锦鳞游泳，岸芷汀兰，郁郁青青。而或长烟一空，皓月千里，浮光跃金，静影沉璧，渔歌互答，此乐何极！登斯楼也，则有心旷神怡，宠辱偕忘，把酒临风，其喜洋洋者矣。

嗟夫！予尝求古仁人之心，或异二者之为。何哉？不以物喜，不以己悲；居庙堂之高，则忧其民；处江湖之远，则忧其君。是进亦忧，退亦忧。然则何时而乐耶？其必曰"先天下之忧而忧，后天下之乐而乐"乎。噫！微斯人，吾谁与归？

　　　　　　　时六年九月十五日。

二、现代自由体诗

致橡树

舒婷

我如果爱你——
绝不学攀缘的凌霄花
借你的高枝炫耀自己;
我如果爱你——
绝不学痴情的鸟儿
为绿荫重复单调的歌曲;
也不止像泉源
长年送来清凉的慰藉;
也不止像险峰
增加你的高度,衬托你的威仪。
甚至日光。
甚至春雨。
不,这些都还不够!
我必须是你近旁的一株木棉,
作为树的形象和你站在一起。

根,紧握在地下;
叶,相触在云里。
每一阵风过,
我们都相互致意,
但没有人,
听懂我们的言语。
你有你的铜枝铁干,
像刀,像剑,也像戟;
我有我红硕的花朵,
像沉重的叹息,
又像英勇的火炬。
我们分担寒潮、风雷、霹雳;
我们共享雾霭、流岚、虹霓。
仿佛永远分离,
却又终身相依。
这才是伟大的爱情,
坚贞就在这里:
爱——

不仅爱你伟岸的身躯,

也爱你坚持的位置,

足下的土地。

你是人间的四月天

——一句爱的赞颂

林徽因

我说你是人间的四月天

笑响点亮了四面风;

轻灵在春的光艳中交舞着变。

你是四月早天里的云烟,

黄昏吹着风的软,星子在

无意中闪,细雨点洒在花前。

那轻,那娉婷,你是,

鲜妍百花的冠冕你戴着,

你是天真,庄严,你是夜夜的月圆。

雪化后那片鹅黄,你像;

新鲜初放芽的绿,你是;

柔嫩喜悦,

水光浮动着你梦期待中白莲。
你是一树一树的花开,
是燕在梁间呢喃,
——你是爱,是暖,是希望,
你是人间的四月天!

一片槐树叶

纪弦

这是全世界最美的一片,
最珍奇,最可宝贵的一片,
而又是最使人伤心,最使人流泪的一片,
薄薄的,干的,浅灰黄色的槐树叶。

忘了是在江南,江北,
是在哪一个城市,哪一个园子里捡来的了,
被夹在一册古老的诗集里,
多年来,竟没有些微的损坏。

蝉翼般轻轻滑落的槐树叶,
细看时,还沾着些故国的泥土啊。

故国哟,要到何年何月何日
才能让我回到你的怀抱里
去享受一个世界上最愉快的
飘着淡淡的槐花香的季节?

当你老了

[爱尔兰]威廉·巴特勒·叶芝

当你老了,头白了,睡意昏沉,
炉火旁打盹,请取下这部诗歌,
慢慢读,回想你过去眼神的柔和,
回想它们昔日浓重的阴影;
多少人爱你青春欢畅的时辰,
爱慕你的美丽,假意或真心,
只有一个人爱你那朝圣者的灵魂,
爱你衰老了的脸上痛苦的皱纹;
垂下头来,在红光闪耀的炉子旁,
凄然地轻轻诉说那爱情的消逝,
在头顶的山上它缓缓踱着步子,
在一群星星中间隐藏着脸庞。

第二单元　散文类

在进行有声语言创作时,我们要抓住散文的思路,把握好主次;根据内容的发展变化把语句化开,使语义抱团;表达要舒展,在平稳中讲求活脱、跳跃,语气畅达、自然。

春
朱自清

盼望着,盼望着,东风来了,春天的脚步近了。

一切都像刚睡醒的样子,欣欣然张开了眼。山朗润起来了,水涨起来了,太阳的脸红起来了。

小草偷偷地从土地里钻出来,嫩嫩的、绿绿的,园子里、田野里,瞧去,一大片一大片满是的。坐着,躺着,打两个滚儿,踢几脚球,赛几趟跑,捉几回迷藏。风轻悄悄的,草软绵绵的。

桃树、杏树、梨树,你不让我,我不让你,都开满了花赶趟儿。红的像火,粉的像霞,白的像雪。花里带着甜味,闭了眼,树上仿佛已经满是桃儿、杏儿、梨儿!花下成千成百的蜜蜂嗡嗡地闹着,大小的蝴蝶飞来飞去。野花遍地是:杂样儿,有名字的,没名字的,散在草丛里,像眼睛,像星星,还眨呀眨的。

"吹面不寒杨柳风",不错的,像母亲的手抚摸着你。风里带来些新翻的泥土的气息,混着青草味儿,还有各种花的香,都在微微润湿的空气里酝酿。鸟儿将巢安在繁花嫩叶当中,高兴起来了,呼朋引伴地卖弄清脆的喉咙,唱出婉转的曲子,跟轻风流水应和着。牛背上牧童的短笛,这时候也成天嘹亮地响着。

雨是最寻常的,一下就是三两天。可

别恼,看,像牛毛,像花针,像细丝,密密地斜织着,人家屋顶上全笼着一层薄烟。树叶儿却绿得发亮,小草儿也青得逼你的眼。傍晚时候,上灯了,一点点黄晕的光,烘托出一片安静而和平的夜。在乡下,小路上,石桥边,有撑起伞慢慢走着的人;还有地里工作的农民,披着蓑、戴着笠,他们的房屋稀稀疏疏的,在雨里静默着。

　　天上风筝渐渐多了,地上孩子也多了。城里乡下,家家户户,老老小小,也赶趟似的,一个个都出来了。舒活舒活筋骨,抖擞抖擞精神,各做各的一份儿事去。"一年之计在于春",刚起头儿,有的是工夫,有的是希望。

　　春天像刚落地的娃娃,从头到脚都是新的,它生长着。

　　春天像小姑娘,花枝招展的,笑着,走着。

　　春天像健壮的青年,有铁一般的胳膊

和腰脚,领着我们上前去。

海燕

高尔基

在苍茫的大海上,风聚集着乌云。在乌云和大海之间,海燕像黑色的闪电高傲地飞翔。

一会儿翅膀碰着波浪,一会儿箭一般地直冲云霄,它叫喊着……

在这鸟儿勇敢的叫喊声里,乌云听到了欢乐。在这叫喊声里,充满着对暴风雨的渴望!在这叫喊声里,乌云听到了愤怒的力量、热情的火焰和胜利的信心。

海鸥在暴风雨到来之前呻吟着,——呻吟着,在大海上面飞窜,想把自己对暴风雨的恐惧,掩藏到大海深处。

海鸭也呻吟着,——这些海鸭呀,享受不了生活的战斗的欢乐,轰隆隆的雷声就把它们吓坏了。

愚蠢的企鹅,畏缩地把肥胖的身体躲藏在峭崖底下。只有那高傲的海燕,勇敢地,自由自在地,在泛起白沫的大海上面飞翔。

乌云越来越暗,越来越低,向海面压了下来;波浪一边歌唱,一边冲向空中去迎接那雷声。

雷声轰响。波浪在愤怒的飞沫中呼啸着,跟狂风争鸣。看吧,狂风紧紧抱起一堆巨浪,恶狠狠地扔在峭崖上,把这大块的翡翠摔成尘雾和水沫。

海燕叫喊着,飞翔着,像黑色的闪电,箭一般地穿过乌云,翅膀刮起波浪的飞沫。看吧,它飞舞着,像个精灵,——高傲的、黑色的暴风雨的精灵,——它一边大笑,一边高叫……它笑那些乌云,它为欢乐而高叫!

这个敏感的精灵,从雷声的震怒里早就听出困乏,它深信乌云遮不住太阳,——

是的,遮不住的!

风在狂吼……雷在轰响……

一堆堆的乌云像青色的火焰,在无底的大海上燃烧。大海抓住金箭似的闪电,把它熄灭在自己的深渊里。闪电的影子,像一条条的火舌,在大海里蜿蜒浮动,一晃就消失了。

——暴风雨!暴风雨就要来啦!

这是勇敢的海燕,在闪电之间,在怒吼的大海上高傲地飞翔。这是胜利的预言家在叫喊:——让暴风雨来得更猛烈些吧!

第三单元 故事类

故事类作品的语言一般有叙述语言、人物语言两部分。叙述语言要以讲述的语气为主,用声在自如声区的中部,随着情节的发展,利用虚实、明暗、强弱、高低、快慢等多种对比因素的变化加强对内容的突出,避免语势平淡。人物语言要有独特风貌,就要根据人物条件进行声音塑造,利用声音的弹性变化和不同的吐字发声技巧来表现。

热爱生命(片段)

杰克·伦敦

他一动不动地仰面躺着,现在,他能够听到病狼一呼一吸地喘着气,慢慢地向他逼近。它愈来愈近,总是在向他逼近,好像经过了无穷的时间,但是他始终不动。它已经到了他耳边。那条粗糙的干舌头正像砂纸一样地摩擦着他的两腮。他那两只手一下子伸了出来——或者,至少也是他凭着毅力要它们伸出来的。他的指头弯得像鹰爪一样,可是抓了个空。敏捷和准确是需要力气的,他没有这种力气。

那只狼的耐心真是可怕。这个人的耐心也一样可怕。

这一天，有一半时间他一直躺着不动，尽力和昏迷斗争，等着那个要把他吃掉、而他也希望能吃掉的东西。有时候，疲倦的浪潮涌上来，淹没了他，他会做起很长的梦；然而在整个过程中，不论醒着或是做梦，他都在等着那种喘息和那条粗糙的舌头来舔他。

他并没有听到这种喘息，他只是从梦里慢慢苏醒过来，觉得有条舌头在顺着他的一只手舐去。他静静地等着。狼牙轻轻地扣在他手上了；扣紧了；狼正在尽最后一点力量把牙齿咬进它等了很久的东西里面。可是这个人也等了很久，那只给咬破了的手也抓住了狼的牙床。于是，慢慢地，就在狼无力地挣扎着，他的手无力地掐着的时候，他的另一只手已经慢慢摸过来，一下把狼抓住。五分钟之后，这个人已经把全身的重量都压在狼的身上。他的手的力量虽然还不足以把狼掐死,可是他的脸已经紧紧地压住了狼的咽喉,嘴里已经满是狼毛。半小时后,这个人感到一小股暖和的液体慢慢流进他的喉咙。这东西并不好吃,就像硬灌到他胃里的铅液,而且是纯粹凭着意志硬灌下去的。后来,这个人翻了一个身,仰面睡着了。

红岩(片段)

一阵狂风卷过,寒气阵阵袭来,矗立在签子门边的余新江浑身发冷,禁不住颤抖了一下。屋瓦上响起了哗哗的声音,击打在人的心上。是暴雨?这声音比暴雨更响,更加嘈杂,更加猛烈。"冰雹!"余新江听见有人悄声喊着。他也侧耳听那屋瓦上的响声,在沉静的寒气里,在劈打屋顶的冰雹急响中,忽然听出一种隆隆的轰鸣。这声音夹杂在冰雹之中,时大时小。余新江渐渐想起,刚才在冰雹之前的狂风呼啸中,似乎也曾听到这种响声,只是不如现在这样清晰,这样接近;因为他专注地观察敌人,所以未曾引起注意。这隆隆的轰鸣,是风雪中的雷声吗?余新江暗自猜想着:在这隆冬季节,不该出现雷鸣啊!难道是敌人爆破工厂,毁灭山城吗?忽然,余新江冰冷的脸上,露出狂喜,他的手里激动得冒出了汗水。他突然一转身,面对着全室的人,眼里不可抑制地涌出滚烫的泪水。

"听!炮声,解放军的炮声!"

(摘自《红岩》二七九章)

第四单元 新闻类

新闻稿件的播读以概述为主,语音规范,节奏明快,重音准确,语意清晰;用声集中在中音区,用实声,不拖腔甩调;把握好吐字的力度,字正腔圆、干脆利落。对于长句子,要事先安排好停连,及时地运用换气的技巧,呼吸无声,不急不促,平稳顺畅地表达语意。

一、简讯

1.旅游简讯

北京植物园热带蝴蝶生态园正式开园

位于北京植物园内的热带蝴蝶生态园昨天正式开园,数千只色彩斑斓的蝴蝶和数十种千奇百怪的虫子正式与游客见面。这座生态园也是内地首次从马来西亚引进的昆虫蝴蝶科普生态园。

青海祁连鹿场成为特色旅游景点

已有40多年历史的青海祁连鹿场,地处祁连山草原。在这里,上千只白唇鹿、马鹿、梅花鹿飞奔嬉戏,穿行于祁连山下的花草树木间。这种壮观场景,让祁连鹿场已成为当地重要的特色旅游景点,中外游客可在祁连山下感受飞马草原森林的独特体验。

2.文化简讯

美国华盛顿州借助古典音乐预防犯罪

音乐作为人类共同的语言,能够陶冶性情。近日,美国华盛顿州的当地政府,开始实施一种"音乐预防犯罪法"。他们计划通过扩音器,在一些案件频发的地段,播放古典音乐大师巴赫和贝多芬等人的经典作品,以缓解人们的烦躁情绪,进一步达到预防犯罪的目的。

澳大利亚94岁老太成全球最年长硕士

来自澳大利亚的老太太菲莉斯·特纳,本周成为世界上获得硕士学位最年长的人。据了解,12岁时就辍学回家的特纳,直到70岁时才重新考入大学,并在今年94岁时最终获得了医学硕士学位。这种勤奋好学的精神感动了不少人,目前人们已经开始为特纳申请吉尼斯世界纪录。

3.体育简讯

在日本东京举行的第32届夏季奥林匹克运动会8月8日晚正式闭幕。本届奥运会,中国代表团收获38金32银18铜共88枚奖牌。中国体育健儿爱国拼搏,挑战自我,为祖国争光,为奥运增辉。

为表彰我国青少年运动员的突出贡献,共青团中央、全国青联9日作出决定,授予中国女子乒乓球队、中国男子乒乓球队2个青年集体"中国青年五四奖章集体",授予杨倩、侯志慧等39名青年运动员"中国青年五四奖章"。

在第13个全民健身日来临之际,"青少年冬奥教育基地"8月8日正式落户中国科技馆,面向青少年开展冬奥教育活动,推广普及冰雪运动。

目前,北京冬奥会的冰上测试活动正

在进行当中。作为北京冬奥会的唯一一座新建的冰上竞赛场馆——国家速滑馆正在接受全面的检验。这座新馆在此次测试活动当中亮点频频。

4.科技简讯

圆满完成风云三号星海上测控任务的远望3号船,8月1日顺利返航,停靠在中国卫星海上测控部码头。远望3号船自下水以来已经圆满完成了以神舟、嫦娥、北斗为代表的90余次海上测控任务,测控成功率达百分之百。

由中国中车承担研制的时速600公里高速磁浮交通系统20日在青岛成功下线,这标志着我国掌握了高速磁浮成套技术和工程化能力。

我国最大通用无人机运五通用无人机20日成功实现首飞,运五通用无人机起飞重量和商载都是目前我国通用无人机中最大的,可承担物资投送、快递运输、灾情监控救护等多类综合保障和应急救援使命任务。

来自国家航天局消息,"祝融号"火星车目前正在向南移动,穿越石块、撞击坑、沙丘分布密集的复杂地形地带,并传回了车体越过石块的照片。截至目前,"祝融号"火星车已在火星表面工作82个火星日,累计行驶808米。

5.生活简讯

最高人民法院28日发布司法解释,规范人脸识别应用,明确宾馆、商场等经营场所滥用人脸识别技术构成侵权;物业服务企业不得强制将人脸识别作为出入小区唯一验证方式。

农业农村部日前发布:今年第二季度

抽检蔬菜、水果、茶叶、畜禽产品和水产品等 5 大类产品 92 个品种,总体合格率为 97.8%,同比上升 0.7 个百分点。针对发现的问题,农业农村部已要求地方农业农村部门开展风险隐患排查,查处问题产品,防范问题隐患。

流失海外近百年的天龙山石窟"第 8 窟北壁主尊佛首"24 日在太原开幕的"复兴路上 国宝归来"特展上亮相,并将在此长期陈列展出。这是近百年来第一件从日本回归天龙山石窟的珍贵流失文物。

北京市住建委印发《关于进一步完善商品住房限购政策的公告》,明确规定夫妻离异的,原家庭在离异前拥有住房套数不符合本市商品住房限购政策规定的,自离异之日起 3 年内,任何一方均不得在本市购买商品住房。

二、消息

新闻消息的结构包括导语、背景、主体、结尾四部分。导语部分要拎清主旨,确定基调,避免语势过平;主体部分承接导语,语气平缓,要加强语句的关联,避免一盘散沙;背景的交代要充分发挥内在语的作用,使消息的意义凸显;结尾部分顺势做概括、评价,语气舒展,自然收尾。

散步 3 公里能强肺

每天行走一定的距离就可以提高肺功能。据美国"健康日"网站近日报道,西班牙学者进行的一项新研究表明,每天至少散步 2 英里,约合 3.2 公里,能降低人们因为呼吸疾病严重发作而住院治疗的风险,同时也能降低罹患这种疾病的风险。

科学家发现,不经常锻炼的肺病患者,因肺病发作而住院治疗的比例是热爱运动的患者的两倍。对于这些患者来说,每天步行2至4英里,约合3.2至6.4公里是最适宜的运动。

研究团队从西班牙的5所呼吸病诊所召集了约550名慢性阻塞性肺病患者,根据患者自我报告的他们在一周内的行走距离,研究者计算出了他们的运动量,并把这些数据与病人的住院记录进行了对比。发表在《呼吸病学期刊》上的分析结果显示,保持中高水平体育活动量,如散步等运动的病人住院率只有不常锻炼病人的53%。

科学家建议,虽然慢性阻塞性肺病患者由于呼吸困难,很难徒步行走较长距离,但他们可以在亲朋好友的陪伴下散步或遛狗,以保持较高的锻炼积极性。坚持体育锻炼对他们身体的恢复有极大的帮助。

伦敦发起慢节奏生活运动

英国首都伦敦计划从21号起发起一项为期十天的"放慢脚步伦敦"活动,希望在快节奏的现代社会里,长期处在紧张和压力下的人们,放慢生活的脚步,给自己一些时间享受生活,同时思考生命的真谛。

活动期间,所有在伦敦生活的人都会成为监测对象。走路速度过快的人会收到"超速"警告单,并被劝说参加一堂艺术课程的培训。

发起者表示,快节奏的生活使越来越多的人健康状况恶化。"放慢脚步伦敦"不只是一项活动,更是对现代生活的反思,因为"慢节奏生活"的本质并不是懒惰,而是对生活的珍视。

拉萨贡嘎机场T3航站楼投入运行

拉萨贡嘎机场T3航站楼于7日正式投入运行。该航站楼占地8.8万平方米,有4个值机岛、20个登机口,能够满足年旅客吞吐量550万人次的需求。

根据安排,自8月9日起,拉萨贡嘎机场所有航班将转场至T3航站楼运行。与老航站楼相比,T3航站楼新增了很多"智慧"设施。比如,智慧交通系统可通过监控摄像机、LED交通信息显示屏以及配套雷达灯、交通信号灯等设施设备,进行智能交通指挥及管理。同时,旅客可通过身份证或登机牌扫码进入安检待检区,整个过程完全"自助"。

三、新闻专稿

新闻专稿融合写人、绘景、状物、抒情多种表现手法来增强表现力,亲切自然、生动活泼。用声是中音区实声,音量适中,声音色彩朗。以声音的虚实、明暗等对比变化来适应新闻专稿表情达意的需要。

消防英雄——郑忠华

7月7日,福建省将乐县持续遭受暴雨侵袭,安福口溪山洪暴涨。万安村王建斌等6名村民因牵绑固定捞沙船,被洪水困在河中央的孤岛上,情况万分危急。

接到群众报警,将乐县公安局决定用冲锋舟渡河救人。"我会游泳,我上!"消防战士郑忠华穿上救生衣,第一个跳上冲锋舟,与冲锋舟驾驶员范启金直奔孤岛,把6名受困群众引上冲锋舟返回。没想到,冲锋舟到河中央时发动机突然熄火,冲锋舟失去控制,急速往下漂流。船上群众惊慌失措,冲锋舟开始剧烈颠簸。"不要慌,我们一起用手拨水,"郑忠华一边稳定群众情绪,一边寻找机会。在一个弯道口,郑忠华用竹篙奋力钩住岸边小树干,6名群众在他的指挥帮助下一一跳船并顺利上岸脱险。然而,此时洪峰再次袭来,将冲锋舟猛烈推向河中间,郑忠华在范启金的指挥下跳水,并奋力向岸边游去,但由于山洪湍急,两人先后被洪水卷入坝下,瞬间不见人影。在水坝下游2000米处,奄奄一息的范启金被救起,郑忠华却消失在湍急的洪水中。

在接下来的4天里,河中漩涡处、泥沙堆积点、芦苇草丛中,人们一遍遍地反复搜寻英雄。7月11日上午,搜寻队伍在距离事发地约8公里的拦木河坝发现了英雄的遗体。7月13日,在将乐县举行的追悼仪式上,数以万计的人们从四乡五里赶来。他们眼含热泪,紧随着灵车,送了一程又一程。

万佐成、熊庚香夫妇的"抗癌厨房"温暖万千家庭

在江西南昌一家医院旁边的小巷子里有一个特殊的厨房,每到饭点,这里都特别

热闹,空气当中混杂着各种饭菜的香味,虽然没有什么山珍海味,却处处充满亲情的温暖。

小巷与江西省肿瘤医院一墙之隔,在这里忙碌着的都是病人家属。他们来到这里炒几个菜,让病床上的亲人能吃到家的味道。一日三餐,炉火熊熊,人流熙攘,这个专为病人提供炉火的厨房被人们称为"抗癌厨房"。厨房的主人就是万佐成、熊庚香夫妇。

万佐成夫妻俩原本在小巷里租了几间房炸油条、卖早点。勤劳人家,小本生意,但在2003年的一天,一对年轻父母带着生病的儿子来到早点铺,想借火做菜。这一个再普通不过的小小炉火,对他乡求医的人竟如此难得珍贵,它甚至给一家人带来莫大的心理安慰。这个意外收获,让万佐成夫妻俩感到格外欣慰。随后,夫妻俩新添置了炉子、厨具、调料,都无偿供大家使用,煤球炉从6个增加到20多个,一家人的早点铺变成了千百个家庭的厨房。

春去秋来,万佐成、熊庚香夫妻的厨房已经走过了18个年头。已近70的他们依然凌晨4点起床备好炉火,迎接每一天的新老客人,365天从不离开。18年,来过的人难以计数,万佐成、熊庚香也许记不住每个人的名字,但所有人都记住了他们的名字。在与病魔抗争、在与亲人相守相伴的日子里,一定有份温暖和欢乐来自爱心厨房。

医院里亲人间互相守护,院外爱心厨房完成了另一种守护。无论白天或夜晚,这里总会为你留一个炉火。

四、新闻短评

新闻评论针对新闻事件或新近发生的

问题和动向直接明确地发表作者的观点，表明作者的态度，提出解决办法。新闻评论的特点是观点鲜明、逻辑严谨、以理服人。新闻评论中的新闻短评篇幅短小，论题集中，分析扼要，一般是配合新闻播出，语言简洁明快。在声音的运用上，应声音明亮，字音饱满有力度，语气平实，语势常扬，节奏顺畅。

补钙期待科学结论

现实生活中，许多家长在婴幼儿出生不久就开始给其持续补钙。但对要不要补钙，怎样补钙，往往是一笔糊涂账。不仅如此，专家对缺钙的诊断标准、补钙后果也持相互矛盾的说法。我们不禁要问：如此常见的营养问题，为何真相难求？

混乱的背后，除了公众对钙的认知存在误区，以为营养元素补了总比不补强，更重要的是，部分医务人员和商家利用父母的这种心理,鼓励、诱导父母给孩子做各种不必要的检查和营养元素的补充。这是滥补钙的一个重要原因。

入口之物应慎之又慎,绝不能见利忘义,抛弃医务人员的良知和商家的道德义务。我们也希望有关部门和专业人士对补钙问题进行科学研究,实事求是地对补钙加以指导。国家有关部门更需加强管理,通过多种手段规范市场行为。

爱美岂能搭上健康?

近期,个别医疗机构开展以"瘦腿"为目的的"小腿神经离断术"。有专家认为,该手术会导致神经不可逆损伤和下肢运动功能障碍,不仅存在严重的安全性问题,更有悖于医学伦理。7月30日,国家卫健委发布通知,禁止开展"小腿神经离断瘦腿手术"。

近几年,各种畸形审美左右着整个社

会的"美感":"A4腰""i6腿"……更有人为了瘦身而去抽脂,甚至不幸死亡。过度瘦身,不惜以伤害身体的方式达到瘦身目的,不仅不美,更与我们建设健康中国的目标相违背。

爱美之心人皆有之,追求美本属正常,但也要讲究方式方法。更何况,真正的美不在于外形,而在于健康的身体和积极向上的心理。通过合理饮食、正常体育锻炼,保持身体、心理的双健康,人才会美,社会才会美。

护航莘莘学子

6月4日,公安部交管局专题部署高考交通安保工作,对发生交通事故的按照"先考试后处理"原则取证后先予放行,事后妥善处理。

十年磨一剑。对1000多万考生来说,高考是对十几年学习成果的一次检验;对全社会而言,如何尽全力为考生做好保障服务,也是一道考验治理能力的必答题。

高考在即,在确保安全的前提下,一些交通执法的处置做法可以适当"灵活"。交通事故"先考试后处理"能节约时间,让考生安心迎考,凸显出交通管理的温情,我们为此点赞!保障考生利益,不只包括创造安全畅通舒适的交通环境,为了学子的美好未来,全社会应形成合力,出台更多彰显人文关怀的服务细则,让考生奋力一搏,不负青春韶华,为梦想全力以赴。

第五单元 主持类

主持类稿件要求播音员、主持人字音规范,重音准确,声音明快,语句流畅,并注意吐字的力度;声音的运用一般在中声区,结合胸腹联合式呼吸,使有声语言自然、庄重、大方。

一、生活服务类

吃出来的痛风

中国有句老话,人是铁,饭是钢,一顿不吃饿得慌。随着时代的进步,我们发现可供选择的食物越来越多了,人们吃的食物越来越好了。很多人担心有些病是吃出来的,那么在饮食和身体健康之间,在摄取营养和保持身体健康之间,到底应该怎样取得科学的平衡?今天请专家跟您聊一聊。

食品添加剂之惑

说到食品添加剂,对老百姓来说既熟悉又陌生。熟悉的是我们经常在食品包装上看到各种各样的食品添加剂。可是究竟什么是食品添加剂,很多人没了概念。现在社会上很多食品安全问题跟食品添加剂有没有直接关系呢?今天我们请到两位权威专家,为您进行全面解读。

二、新闻评论类

别让青少年溺水成了暑期之痛

您好,观众朋友。暑期来临,学生离校放假,但安全意识不能放假。酷暑之下,天性活泼的青少年很容易结伴到水边玩耍。没有了老师的看护,缺少了家长的监管,再加上青少年自身的安全经验不足,对汛期水位和河底水草等复杂情况缺少了解,这就为溺水事故埋下了隐患。

安全无小事,尤其事关青少年。家长、老师应对青少年加强安全教育,让孩子了解野外水域的危险,学会自救与救援常识。除此之外,对家长来说,在暑期应尽量抽出更多时间陪伴孩子,尤其不能放任孩子在外乱跑。对学校来说,可以通过开设托管班来分担家长的压力,也可以通过微信群时时督促家长。各级政府应急管理部门有责任统筹协调社会各界,筑牢孩子暑期生活全周期安全防护网,抓细抓早、及时补好暑期青少年安全漏洞,比如在公园设专人劝阻青少年远离湖边,在河边加高护栏、设立指示牌等。只有家长、学校和社会等各方共同努力,各负其责,才能让孩子拥有一个安全而快乐的假期。

莫让亲子陪伴变成"走秀"

您好,观众朋友。"六一"国际儿童节到了,一些幼儿园要求父母排练节目,本是个好事情,却因为被迫营业,强制参加,让宝爸、宝妈们苦不堪言。孩子兴奋,大人心累,让很多家长纷纷吐槽"儿童节"成为"家长劫"。

对孩子来说,有大人陪伴的日子,每天都是儿童节。无论节目排练与否,效果如何,最关键的是家长陪孩子一起度过,见证孩子每一个阶段的成长。

　　孩子健康快乐地成长是最重要的事情,也是学校和家长共同的责任。学校作为活动的组织者,在积极创造亲子互动氛围的同时,更应尊重家长的现实选择,让家长根据自己的实际情况选择是否参加节目彩排。毕竟,表演效果如何并不是过好"六一"节的初衷,只有本着适度和自愿的原则,让家长和孩子都能够选择彼此合适又便捷的方式进行互动,才能给孩子留下一个难忘的回忆。

三、节目预报类

　　春节是归乡的心切,是儿女绕膝的陪伴,是长辈送出的祝福,是亲友相聚的欢颜。有哪些年俗礼数我们已传承千年?时代的变迁,又给传统习俗带来怎样的改变?七位专家各抒己见,陪您开心温暖过大年。

CCTV-12社会与法频道春节系列节目《年话中国礼》,敬请收看!

8月1日是中国人民解放军建军的日子,90多年的岁月里,中国人民解放军已经实现了军队质量建设的跨越发展,军制、军服和武器装备都发生了翻天覆地的变化。中国人民解放军已经建设成一支现代化、信息化的部队,从硬实力方面来看,我们的武器装备实力位列全球"第一梯队"!为了展现强大国防背后的财经力量,财经频道大型纪录片《威武之师背后的财经密码》,7月27日起每晚21:15—22:00重磅揭秘!

《秘境之眼》节目以在我国上万个保护地布设的红外相机和远程摄像头拍摄的珍贵的动物视频为素材,形式上区别与以往的节目,它以短视频、原生态的方式,把观众带入祖国东西南北中,高山、密林、湿地、荒漠的秘境——保护地之中,每天一期。从2月12日开始,每期2分钟,用一个动物情节故事鲜活呈现绿水青山中动物的面孔,展现生态文明的成就。我们的自然邻居——从秘境之中走到了我们面前,实现着不被打扰的相逢。每日CCTV-1综合频道播出,敬请收看。

  它是生命之蒂,也是人开始吸收营养的第一张嘴,在我们出生后,它也是这个世界留下的第一个伤痕。在古代,众多医学著作中都记载了它的重要性,医学家把它称为"五脏六腑之本""元气归脏之根",它就是肚脐,医学上称之为神阙穴。肚脐能调整阴阳的平衡,使得气血通畅,经常通过外界刺激,也能达到延年益寿的效果。本期《夕阳红》节目我们邀请了专家跟您分享肚脐中暗藏的长寿秘密。

四、天气预报类

北京人民广播电台。各位听众！现在播送北京市气象台今天早上 6 点发布的北京地区天气预报。

今天白天：晴间多云；风向偏南，风力五六级；最高气温零下 2 摄氏度；紫外线指数三级。

今天夜间：多云有轻雾；风向南转北，风力三四级；最低气温零下 10 摄氏度。

今天山东泰安、临沂下起了农历新年的第一场雪，雨凇、雪凇、雾凇三种景观同时出现在泰山之巅，给节日出游的人们带来了意外的惊喜。另外，东北、山西、河南的部分地区今天也都出现了降雪，由于强度不大，没有对人们出行造成大的影响。

江苏、湖北大部分地区今天告别了连日来的大雾，迎来了一场春雨，但是江西、浙江等地的大雾依然没有消散。气象部门预计,明后两天南方地区仍会有雾出现,福建、浙江、安徽、四川局部还将出现浓雾天气。

听众朋友,您好。中央气象台8月8日6时发布暴雨黄色预警:

预计8月8日8时至9日8时,四川东北部和南部、重庆大部、贵州北部、云南东北部、湖北西部、陕西南部以及华南东部沿海、台湾岛南部等地部分地区有大到暴雨,其中,四川东北部、重庆中部和南部、贵州北部、云南东北部等地局地有大暴雨(100—240毫米)。

上述部分地区伴有短时强降水(最大小时降雨量20—60毫米,局地可超过80毫米),局地有雷暴大风等强对流天气。

后 记

《播音主持基本功训练掌中宝:语音·发声(第二版)》即将和读者见面了。感谢师长、亲人、朋友、同事一直以来对我莫大的支持与帮助!如今的我心态更为平和从容,我想这是岁月与经历馈赠给我的礼物!当然也要谢谢我那群可爱的学生们,每一次教学中,与他们进行思想上的碰撞、交流,这种心无旁骛的学习是最令人开心的。学生们给予我许多精神力量,谢谢我的开心果儿们!

曾经有人告诉我,作为播音主持艺术从业者基本功训练的常备手册,已发行50余万册的《语音发声》被广大读者视为"绿宝书",这既给了我压力又给了我动力。作为方便实用的口袋书,在《播音主持基本功训练掌中宝:语音·发声(第二版)》的写作上,我努力做到理论讲解精练实用,尤其侧重于训练,每个知识点都对应相关字词训练,具有较强的针对性;训练材料充实新颖,既有经典篇目,也结合社会热点,使训练材料与时俱进,具有贴近性。

感谢王璐老师对我的充分信任和提携!从我在本科、硕士学习期间到做了中国传媒大学播音与主持艺术专业的教师,王老师一直给予我悉心的指导和帮助。其间,王老师严谨治学、一丝不苟的态度深深感染着我,让我这个晚辈不敢有所懈怠。同时,王老师热爱生活、典雅大方、和善宽容,是我心中的女神,我希望自己也能如王老师一直美丽优雅。在我成长的道路上一直伴随着王璐老师的谆谆教导和体贴入微的关怀。如果没有前辈充当领路人,我们这些后辈将无法前行。

感谢书中所有引用文章的作者们为我们提供的精神食粮。感谢责任编辑赵欣为本书出版所做的编审和校对工作。正是你们无私的支持,才会有这本书的最终出版。

吴洁茹
2021 年 11 月 30 日

图书在版编目(CIP)数据

播音主持基本功训练掌中宝.语音·发声 / 吴洁茹,王璐编著. -- 2版. -- 北京：中国传媒大学出版社,2022.1（2023.6重印）
（播音主持基本功训练掌中宝）
ISBN 978-7-5657-3121-1

Ⅰ.①播… Ⅱ.①吴… ①王… Ⅲ.①播音—语言艺术 ②主持人—语言艺术 Ⅳ.①G222.2

中国版本图书馆CIP数据核字(2021)第277959号

播音主持基本功训练掌中宝：语音·发声（第二版）
BOYIN ZHUCHI JIBENGONG XUNLIAN ZHANGZHONGBAO：YUYIN·FASHENG（DI-ER BAN）

编　　著	吴洁茹　王璐
策划编辑	赵　欣
责任编辑	赵　欣　张　笛
责任印制	阳金洲
封面设计	拓美设计

出版发行	中国传媒大学出版社		
社　　址	北京市朝阳区定福庄东街1号	邮　编	100024
电　　话	86-10-65450528　65450532	传　真	65779405
网　　址	http://cucp.cuc.edu.cn		
经　　销	全国新华书店		
印　　刷	北京中科印刷有限公司		
开　　本	850mm×1168mm　1/64		
印　　张	4.5		
字　　数	99千字		
版　　次	2022年1月第2版		
印　　次	2023年6月第2次印刷		
书　　号	ISBN 978-7-5657-3121-1/G·3121	定　价	28.00元

本社法律顾问：北京嘉润律师事务所　郭建平